のみ歩きノート

もくじ

家でのむ

午後三時を過ぎ、少し日差しが弱まってくると、気持ちがそわそわしてきて落ち着かない。どんなに個展の搬入日がせまっていようと、頭のなかは夜の晩酌のことでいっぱいになる。一日のうちでもっとも愉しい時間。夕飯を食べはじめるのは、だいたい夜七時頃からで、その二時間前から七輪に火をおこす。ゆるゆると夕食の支度をして、風呂からあがって夕飯の膳につく頃には、炭火がもっともいい状態になっている。小皿の煮豆やチーズ、冷奴などをつつき、うるめやパンなどを炙って酒をのみはじめるのだが、いつも湯舟のなかで、今晩は何からいこうか。ホッピーかビールか、あるいは酒だろうかと迷う。はじめの一杯というのは酒のみはとても大事にするのではないだろうか。

ひとしきり小皿でのんだら、七輪で肉を焼いたり、なにかしらの小鍋をかけたりして、夜ふけまでぼんやりとのみ続ける。テーブルは、床に胡坐をかいて七輪で煮炊きができるようにと自分でこしらえた。杉の板に脚をつけただけの簡素なものだが、なかなか重宝している。あかりは60ワットの裸電球ひとつ。少々薄暗いが、酒をのむにはこのくらいの明るさが落ち着くし、丁度いい。明るさも酒の味のうち、ろうそく一本でもよいのではないかと思う。そのうち目のほうが慣れてくる。お客が来ても、同じふうにしてのむ。

家で酒をのむために作る料理のほとんどは酒場で知ったものだ。プロセスチーズにのりを巻いただけの「チーズのり巻き」、厚揚げを小鍋で茹で、おろし生姜と大根おろし、葱、かつお節を添え、醬油をかけて食べる「ゆで厚揚げ」、それに豚のタンやらカシラの肉を焼いて、にんにくのみじん切りを味噌に混ぜたのをぬる食べ方。こういう手間がかからず簡単なものから、汁や鍋まで数えたらきりがない。もちろん家で酒の肴を作る研究のために酒場へ通っているわけではないが、酒をのむのに気が利いているから、いつの間にか晩酌のときに作るようになった。もっとも古いのは、学生時代にひとりでよくのみに行っていた居酒屋の主から教わったたまご焼き。主が自分のまかないだと言ってときどき分けてくれた一皿で、そばだしに大根おろしを入れたつゆにつけるだけだが、いまでもよく食べる。

酒の肴というのは、いわゆるごはんのおかずとは異なる食べ物である。思えば、酒場は晩酌のための料理の学校のようでもあった。

角打ちで、ソーセージの缶の蓋をあけ、そのままガスコンロにのせて汁ごとぐつぐつ煮たのを、小皿の辛子醬油につけて食べさせる店があるのだが、缶チューハイに実に合う。その味を家で再現したこともあった。もちろん、上等のソーセージをフライパンで焼いて、行きつけのパン屋で買ったバゲットなんぞちぎりながら、ワインを合わせてのむほうが、味という点でいえば数段うまい。しかし、そのうまさとはちがうものがそこにはある。僕は串カツを食べたあとに皿に残った、肉を揚げた香ばしい油とウスターソースのしみたキャベツの千切りで一本酒をのむこともある。でもそれは、貧しさを愉しんでいたわけではない。そうやって食べてのむのが、うまかったのである。安いからとか、遊び心とか、そんなふうに簡単に言い切れない、酒場でしか味わえない趣きの味だった。『枕草子』で清少納言が「いとをかし」とつぶやいたような世界というか……。そういう酒場の味を、家の晩酌のときも考える。

バーでウィスキーハイボールを注文すると、バーテンダーがタンブラーグラスにボトルからウィスキーを注ぐ。それから氷をひとつずつ、ていねいにトングでつまんでカランと音をたてて落とし、ゆっくりとソーダを注いで、軽くひと混ぜして「どうぞ」と短く言って出してくれる。カウンターごしにこの一連の動作を見ているだけで魔法がかかったようにウィスキーハイボールがうまくなる。ところが、一杯のみ屋でチューハイを注文してこのように作って出されてもうまくはないのだ。どぼどぼと焼酎を注いだサワーグラスに、手でわしづかみして氷を放り入れ、炭酸の瓶をまっさかさまにして一気に注ぎ込み、大将が目の前にトンと置く。無言か、「はいよ」と短く言うくらい。こうやって出されるとチューハイがなんともうまくなる。厨房でビールジョッキなどでぐるぐるかき混ぜて、氷が溶け炭酸が抜けたのをお盆にのせてもって来て、ピッピッピと手持ちの電子注文票になにやら打ち込んで「御注文は以上でよろしかったでしょうか」などという店に、このチューハイの味わいはない。

春頃までは、七輪の隣にもうひとつ手あぶりに炭をおこして薬缶をかけて湯を沸かし、徳利を沈めて酒の燗をする。もう三十年もそうやって燗をつけているが、いまだにうまく燗がつくことは稀だ。火加減や時間によって変わり、とても微妙なのだが、のみながらうまくいったり、そうでなかったりすることが面白い。

真夏でも燗酒がいいという人もいるが、僕は暑くなってくるとひや酒をのむ。そして真夏は、酒でもワインでも氷を浮かべてのむ。その頃はチューハイや炭酸割なんかもよくのむようになるが、若い頃は自分でうまく作れなかった。炭酸で割るときは混ぜてはいけないということを知らなかったのだ。いつも、なにか違うなと思いながらのんでいた。

酒場の常連客（前篇）　東京のもつ焼き屋

　もつ焼き屋でのんでいると、お客がひとり扉をあけて入ってくる。炭火で串をくるくる回して忙しそうに焼いていた店の大将がちらっとその顔を見て、短く「らっしゃい」と言う。お客はどうやら勤め帰りらしく、手に提げていたカバンを店の片隅の椅子に置くと、「ふうっ」と小さくため息をついて静かにカウンターに腰かける。するど、まだ何も注文していないのに、大将がその客の目の前にコップをひとつ置き、つづいてビールの中瓶をどんと置いた。お客は黙ってコップに注ぐ。そして、よく冷えてきめの細かい泡がたつビールをひとくちのんで、「ふほほっ」というような表情をして、ちらりと店を見渡す。どこかに知り合いがいたら、こくりと頭をさげ「やぁ」という短い挨拶をする。その様子で、ああ、常連なのだなと分かる。

　大将はその間、仕込んだ串を盛った大皿からタンを二本、カシラを一本とって焼きはじめており、お客が二杯目のビールをのむ頃に焼きあがると、皿にのせてまた黙って出すのである。まだ若かった僕は、もつ焼き屋の大将のぶっきら棒な口のきき方にびびって、裏返ってしまいそうな声を抑えながら、なんとか酒と串の注文を通していた。だから、そんな常連の姿をみて、一体どうすれば酒場でこのような待遇を受けることができるのだろうとうらやましく思った。大将とそのお客の間には、「いつもの」という暗黙の了解があるのである。常連客は、はじめの串を食べ終え、ビールが残り少なくなると、串と酒のおかわりを大将に告げる。「すみませーん」とか、「注文いいですか」などという前置きなどない。大将のほうを見やって、目が合うと、「オッパイ、ある？　じゃ、一本と、コブクロ2、チレ1、レバー1。塩でね。あと、焼酎水割り」と、まるで符牒のような短い注文をする。ちなみに当時の僕だったら、同じ注文をするのにこんなだったろう。

「あのう！　すみません」

と、まず大将に声をかけて、返事をしてもらえないので、周囲の客への照れかくしもあって、酒をぐっとあおる。気をとり直して、もう一度、すみません！　と声をかけ、ようやく振り向いてもらえるものの、緊張して舌がもつれそうになる。「オッパイって、何ですか」と、どんな味がするのか知りたくてたずねたいが、「豚の乳だよ」と言われて終わりそうな気がするのであきらめる。そして、

「あのう、いいですか。えーとですね、オッパイを一本とコブクロを二本。チレを一本、レバーを一本お願いします」

そう伝えたとたん、

「塩、タレ、どっち」

と忙し気に聞き返されて、本当はレバーだけ甘くタレで焼いてほしいと思いながらも言えず、

「塩でおねがいします。あと、焼酎を水割りでおねがいします」

そんな、まったくうだつのあがらぬ感じであった。

常連客は、だらだらと長居することもなく、ひとりのんびりとうまそうにのむと切りあげ、会計も実にスマートだった。

「お勘定」

そう言うと、大将が計算して「はい、二千四百三十円です」と答える。常連は財布から千円札を三枚出して渡し、大将が受け取ると、手のひらをぱっ

と立てて、「釣りはけっこう」という形をつくる。もともと大将は、この常連客が釣りなど受けとらないということは承知していて、これは儀式のようなものであると僕にもわかった。大将は、「いつもすみません。ありがとうございやした」と、ぺこりと頭をさげた。その光景があまりに恰好良く、なるほど、安酒場というのはこんな勘定をするのかと感心して見ていた。それに倣いたいと思ったが、それからずいぶん長いこと恥ずかしくて自分にはできず、十円玉まで釣りを受け取っていた。ようやく「あ、お釣りは……」と手で制して「けっこうですから」となんとかやれて店を出たときは、背中に大将の視線を感じて、自分がちょっと立派になったような気分がしたものだ。そして、ああ、大人の酒の味とはこういうものか、と酔った体のどこかで思った。

酒場の常連客（後篇）　八戸の安酒場

昨年の冬、北海道へ出張にいくのに、青森の八戸から苫小牧まで夜行のフェリーに乗った。そのとき、夜の乗船を待つ間のまだ明るい夕方に、雪道を歩いて町はずれの小さな安酒場に立ち寄った。古い平屋の木造の店で、引き戸をガラガラとあけるともう店はお客でいっぱいだった。テーブルに一升瓶を置いて気安い雰囲気で肩を寄せ合い、顔を赤らめてのんでいる。見たところ、お客の全員が常連であると思われた。旅の荷など持っているのは僕一人だけである。入り口ちかくのテーブルがひとつ空いていたので、そこに腰かけて、ストーブで手を温めながら奥の厨房にいた女将さんに向かって、「熱燗ください」と声をかけると、即座に

「無いよ」

と、やけにつっけんどんな返事が返ってきた。こんな寒い日に、まさかと

思って「じゃ、ぬる燗は」と聞き返すと、女将が一升瓶をもってこちらにやってきて、

「ウチはね、そういう手間のかかることはやらないよ。その分安くしてんだから」

というのだ。きっとこの女将は、常連客たちからも一目置かれている名物オバちゃんにちがいない。肝っ玉がすわっているのだ。僕は北へ向かう電車で雪景色を眺めながら、酒場に到着して熱燗をきゅっとやったら、うまいだろうなと一杯目の熱燗に心はまっしぐらであった。急に暖かくなったら鼻水がでるかもな、などとうっとりとしていたから、不満たっぷりで悲しくなった。仕方なくひやでコップ酒をもらうことにしたが、どうやら一見客への意地悪などではなく、この店では本当に酒をひやでしか出さないらしかった。

女将も常連客たちも、なぜこんな町はずれの安酒場に旅人がやってきたのかと訝しんでいたにちがいない。地方の常連たちが集うような小さな酒場が好きで探してはよく行くのだが、そういう店で旅人は必ず浮いたかんじになる。女将と僕とのやりとりを聞いていた常連客たちは、一歩もゆずらない女将にあっぱれと思ったかもしれない。みんなで聞き耳をたてていたかのように、

二〇二〇年
伊三夫

一瞬、狭い店のなかが静かになって、僕は見知らぬ常連たちに囲まれてなんともバツが悪くなった。すると、そのお客のうちの一人が見かねて、

「いいでねえか、ばあさん。箸で一升瓶、カーンとたたいて出してあげれば、いいでねえか」

と、大きな声で冗談を言った。これはあきらかに僕への同情であった。客たちがどっと笑って、ふたたび店がにぎやかになった。その常連のやさしい気づかいがうれしくて、厨房に肴を受け取りに行くときにちょっと会釈をして、ひや酒を静かにのみはじめた。そして三杯目のおかわりをしたときだったろうか、僕はどうやらこの店のテストに合格したようで、女将が品書きにない料理を郷土の肴だから食べてみてと隣に座って話しかけてきた。おかげでなんだかやけに酒がうまくなり、ずいぶん酔った。そのあと、どうやってフェリーに乗ったのかも記憶にない。深夜に船室のベッドで長靴をはいたまま目が覚め、やたらと喉がかわくので水をのみ、目をつむり、ずっと津軽海峡の荒波が船底にぶつかる音をきいていた。ひや酒は、あとでどんと酔いがくる。

酒場の女将というのは儲けよりもなによりも、常連客たちが心おきなく酒をのめるように気づかって店を守っている。心ない旅人などに、店の雰囲気を乱されては困るのである。

酒場さがし

知らない街を旅するときは、酒場を探すために早めに家を出る。到着すると荷を宿に預け、まだお昼を過ぎたばかりの明るい時刻からのみ屋街を歩き、その晩のむ店の目星をつける。二、三時間、足の向くままぶらぶら歩く。川を渡って、町はずれの飛び地の酒場街まで四、五時間ということもある。帰りは同じ道を千鳥足で戻ることを思いながら、車もバスも使わず、ただひたすら歩く。赤ちょうちんもネオンも灯っていないのみ屋街というのは、店の入り口に空き瓶のケースが積んであったり、ビルの隙間にゴミが落ちていたり、まるっきり色気がない。実に殺伐としている。まるで化粧をしていない女が誰だかわからないように、夜とは雰囲気が違っている。それが、暗くなるとなぜにあれほど心ときめかせるのかと思う。

そんなふうに歩き回っていて、北海道の岩見沢で、ビルの谷間の「三条小路」という細い路地に、「キャロル」というレコード・スナックを見つけたときや、飛騨高山の町はずれで「東海道横丁」という戦争で夫を亡くした人たちがはじめたのみ屋が軒を連ねる景色のなかに飛び込んだときなどは、実に愉快だった。仙台で国分町をさんざん歩いて思う店が見つからず、いつしか昔の市場のような「文化横丁」にたどり着き、その一角に「源氏」を発見したときのことも忘れられない。とくべつ手の込んだ料理を出すとかではなく、僕は時代を越えて町の片隅になんでもなく佇んでいるような店が、どうにも好きなのだ。

以前、洋酒メーカーの広報誌を作っていたときに、全国を訪ねてわかったことだが、いいバーというのは思いもよらないところにある。たとえば、小さな看板が連なったちょっとぼったくられそうなスナックや、いかがわしい店が寄せ集まったのみ屋ビルの一角に、腕のいいバーテンダーが一人でやっているような、渋くて落ち着いたオーセンティックバーがひっそりあったりする。とはいえ、看板と店がまえだけでどんな店か見極めるには、相当の熟練が必要だ。店内からつまらないカラオケの歌声など聞こえてきたとしても、愉快なお客が集まる良心的な酒場だったりすることもある。若い頃は、金もないのに誤って入ってひどい店に入ってしまい、いやったらしい常連に絡まれたり、まずい酒や「創作手料理」的なものをすすめられて閉口したことが何度もあった。それが嫌でなかなか店の扉をあけられず、入り口で首をひねってはどぎまぎしていた。しかし、あるときふと、そんな悩みを解決する技を身につけた。扉をあけて、「お店、何時までですか」と店主にたずね、なかをのぞいてみるのである。一瞬の勝負だ。気に入ればそのまま入ってのむ。やばいと思ったら、「ひと回りしてきます」などと伝えて踵を返す。失礼なことだが、仕方がない。それでも、できるかぎり礼儀正しくやって、店の人を不愉快にさせないことを心がける。いまどきは、パソコンで調べればだいたい好みの店へたどり着くことができるのだが、ひねくれ者のせいか、それでは答え合わせに行くようで面白くない。一応調べることは調べるが、予習くらいに思ってたいしてアテにしてはいない。

いい酒場などというのは、まったく人それぞれであって、チェーン店だろうが、まな板の上を飼い猫が歩く店だろうが、自分が愉快にのめるのであれば、それでよいと思う。僕は、こと酒場に関しては、好き嫌いがはっきりしているほうだと思う。それでよく友人から、からかい半分に「いかにも、お

二〇二一年 伊三夫

前が好きそうな店があったよ」などと店を紹介されることがある。そう言われて行ってみて、声をあげて喜ぶこともあるが、がっかりすることもある。でも、その違いを言葉にすることは、むずかしい。服や女の好みと同じで、本当に好きだというのは実に微妙なのだ。店がまえから、看板、屋号、品書き、それに料理の味や酒の出し方、器、店主との相性まで、どうでもよいことが、どうでもよくないのである。いつだったか、松本の縄手通りの小さな酒場で、店主が地元の中学校の合唱コンクールの録音テープをラジカセでかけてくれるのを聴きに通っていたこともある。店を好きになる理由は思わぬところにあったりするのだ。若い頃は、期待がはずれ、がっかりしてビール一本だけのんで店を出ることがよくあった。ところが、こんなことを続けて五十も半ばを過ぎた今では、ほぼ思うような店にたどり着けるようになった。経験から、カンが働くようになったのだろう。

酒場の目星がつき、開店を待ちながら、宿の風呂か旅先の銭湯でひと風呂あびているときのしあわせな気分といったらないのである。

ボトルキープ

あちらこちらのんでまわっている友人から、まだ一度もボトルキープをしたことがない、あれは、どういうときにするものなのかと聞かれた。それで、自分がはじめてしたのはいつだったろうと思い出そうとしてみたが、もう忘れてしまった。

しかし、確かなことは、そのほうが安かったからだ。今はそんなにのめないが、若かった頃はバーへ行くと、ウィスキーのハイボールを二十杯ばかりのんでいて、なにしろ質より量であった。一杯ずつグラスで注文していたらけっこうな金額になって手に負えないので、割安のボトルをキープしてのんだ。それに、のみはじめはアルコールの分量が少ないほうがさっぱりとした爽快な味わいをおいしく思うが、何杯かおかわりをしていると物足りなくなってくる。ウィスキーのハイボールなんかは、ダブルで、トリプルでと、だんだんとバーテンダーに濃く作ってもらい、しまいには、氷なしでとか、ストレートで、などと注文するようになる。こうして徐々にアルコールへの欲求が増していくのは、蒸気機関車が走るのに似ている。もう見たことのある人は少ないと思うが、駅舎のホームにとまった蒸気機関車は、シュウウウーッ、と音をたてて車輪に白い水蒸気を吐き出すと、ゴッと小さく吠えてわずかにレールの上で車輪が回転して、ゆっくり起き上がるように動きはじめる。そして、ゴォーッ、ゴウッ、ゴッゴッゴッ、ゴゴゴゴ、とスピードを上げていき、やがてトトトトト、とフル稼働で風を切って走り、調子にのって、ピヨーッ、と汽笛を鳴らして全速力になる。

　いくぶん安くのめるが、もちろんボトルを入れるのは、何度かのみに行って、その店の常連になりたいと思うようになってからだ。中野のバー「ブリック」には、二十代の頃から三十年通っていた。この店の開店は一九六四年で、壁は東京大空襲のときに焼けた煉瓦でできていた。戦後、ウィスキー文化を広めるために創刊され、小説家の開高健や山口瞳が編集した雑誌『洋酒天国』を額装して飾っていたりして、懐かしい時代の雰囲気が漂う店だったが、残念ながら一度閉店した後、同じ名前で別の店になってしまった。僕はかつてのブリックの、マカロニをぶよぶよになるまでやわらかく茹でたマカロニサラダが好きで、家で作るときも真似て作った。他に、昔の洋食屋で出されたような親指ほどの小さな蟹クリームコロッケや、卵の上に蒸されたハムがのったハムエッグ、メニューに「スペイン風オムレツ」と表記されたチーズとトマトの入ったトルティーリャなどを出し、どれもウィスキーハイボールによく合った。

この店でボトルを入れたのは、通いはじめて四、五年経った頃だったと思う。あるとき、練馬区立美術館で当時心酔していた画家山口薫の展覧会を観ての帰りだった。そのとき僕は、絵を見た感動さめやらず、山口にあやかろうとしてボトルに記す名前を「山口」にしてもらったのだが、その後店が閉店するまで、ずっと、そのボトルの名で呼ばれていた。

ボトルを入れるのは、安くのむというだけでなく、常連客となる切符を買うようなものではないかと思う。一人でやっているような小さな店で入れるときは、お店に対してこれからよろしく、という気持ちを伝えることでもある。だから下手な酔っぱらい方などできないなと、ちょっと緊張したりもする。

オーセンティックなバーなどでは、入れて次に行ったとき、カウンターに

腰かけて名前を告げると、自分の入れたボトルが目の前に置かれ、

「のみ方はどうなさいますか」

と聞かれるようになる。ハイボールで、とか水割りでとか伝えるが、バーテンダーに自分の好みの割合で酒を作ってもらえるのもうれしい。あるいはそうでなくても、仲間たちとテーブル席に座って氷や炭酸をもらって、にぎやかに自分のボトルで酒を作りながらのむのも、また愉快だ。そして、さらに通うと、ただ座っただけで目の前にボトルが置かれるようになる。店の人に顔を覚えてもらえたこのとき、ようやく常連として認めてもらえたと感じる。


そういうものだと思うが、酔っぱらった勢いで変な入れ方をしたこともあった。友人と二人、高円寺の小杉湯へ行き、そのあと、もつ焼きの「一徳」でのんだ帰り道だった。もうかなり酔っぱらっていたが、どこかでもう一杯のんでしめくくりたい気分でふらふら酒場が軒を連ねる通りを歩いていると、店の入り口に破れた芝居のチラシなどをベタベタ貼った怪しげな雰囲気の漂う「唐変木」というバーを見つけ、まァここでよいかと飛び込みで入った。ところが、この店が思いのほか、自分好みの店だったのである。地下にある

薄暗い店内は他に客の姿もなく静かだったが、ジャズのレコードの棚とレコードプレーヤーがあった。壁には、カレンダーの裏に書くような素朴な手書き文字で「ポップコーン」とか「焼きそば」などの七〇年代の学生酒場を思わせるような気安いつまみが並んでいる。カウンターのなかに、いかにも昔から店を守っているという雰囲気の、落ち着いた感じのママが一人いた。僕はそこによろよろして腰かけたと思う。ウィスキーの水割りを注文すると、これまた家庭用の冷蔵庫で作ったのと同じ白い気泡の入った氷が浮いて出てきた。その気安い雰囲気が実によくて、すっかり開放的な気分になった。僕はきっとまた来るだろうとボトルを入

れることにした。そして、名前を書くよう白いマジックを渡されると、そのうれしさが爆発してしまったのだろう、ウケをねらってボトルにでかでかと「フェラッチオ」などと書いた。今思うと、その頃、性愛をテーマにした絵を描いていたせいもある。ママはチラッと見て、気づかぬふりをしたが、きっと頭のおかしい変な客だと思ったに違いない。

「あのう、僕は絵描きでね、父がイタリア人なんです。カラバッチオの親戚」

などと、さらにつまらぬ悪ふざけをしていたが、もちろんまともに相手をしてくれるわけがない。こういうことはめったにやらないのだが、のみ歩いていると、たまに馬鹿なことをやりたくなるのだ。ママは相当のヴェテランであるらしく、顔をしかめながらも、笑ってしばらく付き合ってくれた。

おかげでその夜は、沈没するまで愉快にのむことができたが、問題はそのあとである。後日、ボトルのことなど忘れて仕事仲間の女性を連れてその店へ行くと、ママに

「あーら、おフェラちゃん。こんばんは」

などとからかわれて赤面することになる。以来、誰と行っても、ママはいたずら目で僕をフェラチオさんと呼ぶのだ。

赤い火のある晩酌

ゆうべは秋鮭の白子を七輪で焼いてのんだ。塩茹でした白子にオリーブ油をぬり、網にのせて炙りはじめると、油のしずくが火に落ちてぽっと白い煙があがる。ほんのり焼き目のついたところを小皿にとって葱のみじん切りをのせ、すだちを搾り醬油をかけて食べる。口にふくむと白子の皮のカリッとした焦げ目とクリームチーズのように柔らかい食感が混ざり合う。とろけるような濃厚な味わいだが、決してくどくなく、ひや酒によく合う。酒は「白雪」だった。一升瓶から浅い湯呑み茶碗になみなみにくみ移し、白子を追いかけるようにして口元へもっていくと、のむより先に、白子と酒が絡み合った味が脳を駆け巡る。これが食のエロスというものか。ああ、なんとうまいのだろう。少しずつ白子を網にのせ、箸で転がすように炙って酒のおかわりをする。

さて、一腹食べたところで次は何を炙ろうか。七輪のそばのお盆には、生のスルメイカとホタテ、茄子、鶏のむね肉、厚揚げ、うずらの卵なんかを用意してある。スルメイカのワタをぬいて、ミミと胴体、ゲソに切り分けてあるのだが、これを炙ってみる。網にのせて、かるく塩をふるとゲソはくねくねと踊りだし、ミミや胴はゆっくりと丸まって薄皮にほんのりと褐色の焼き目がついてくる。それを俎板の上にのせ、庖丁で切り分けて、おろし生姜と醬油で食べる。魚や肉を焼いたときはごはんが欲しくなるが、スルメイカは酒がいい。

うずらは、茹でたのを空の小鍋に入れ、蓋をしてしゃかしゃか振ると殻がひび割れて剝きやすくなる。家で茹でたまっ白なのを竹串に刺して塩をして炙る。白身が焼け焦げて縮んだところが、ほくほくした黄身と絡み合って実にうまい。

茄子はタテ半分に切って格子状に切れ目を入れ、ごま油をぬり、切り口を下に、うつ伏せにして網にのせる。焼き色がついたらひっくり返して紫色の皮のほうも焼き、味噌をぬって食べる。皮にくるまれ、炭火の高温でたぎったごま油で焼かれた茄子の実は、とろけるような味わいだ。こうして炭火で焼くと、皮もうまくなる。煮物や揚げ物とはちがう弾力のある歯ごたえで、噛むほどに茄子の香りとほろ苦さが酒の甘みをひきたてる。茄子は、皮である。焼き茄子などやって皮を捨てるのは勿体ないと思う。

マグロやカツオは、ブツ切りにして串に刺し、酒をふっておき、塩と胡椒をして炙るが、タタキのようにさっと炙ってもよし、なかまで火を通してもよしだ。レモンを搾り、おろしにんにく醬油で食べる。鶏むね肉なら観音開きにしてそぎ切りし、串に刺して同じように炙るが、オリーブ油を少しつけて、柚子胡椒とかレモン汁なんかでさっぱり食べる。

家のなかでホルモンや鶏皮、サンマなど脂が落ちるものを焼くと部屋中にもくもく煙がたちこめてしまう。だから鶏肉なら、むね肉やささみ、砂肝、牛なら赤身。魚なら、マグロの赤身やこまいなどの干し魚など、脂のないものを炙って植物油をつけて食べる。しかし、たとえ煙がたちこめようとも、羊肉だけは、そのうまさに負けて焼く。真冬でも窓を全開にして毛糸帽をかぶり、マフラーを首にまき、換気扇をまわして焼く。少し濃いめの焼酎の炭酸割りなぞ準備して、焼けたそばからクミン塩やおろしにんにくと赤とうがらしの醬油だれなどをつけ、生のキャベツの葉やピーマンをバリバリかじりながら食べる。

ひとしきり肉や魚など炙って食べたあとは、小鍋をかけて湯豆腐をやったり、豚しゃぶをやったり、あるいは芋やキノコの汁を炊く。腹にゆとりがあれば、しめにめしを入れて雑炊にしたり麺を入れたりする。

こうして酒をのんでいると、囲炉裏端で田楽を愉しんでいるような、キャンプの焚火でバーベキューをやっているような気分もしてきて、体の底からなごんでくる。炭火が赤く燃える傍らでのむ酒は、なにしろうまい。

宿酔い

酒というのは不思議なもので、のめばのむほど、のみ足りなくなってくる。とはいえ、調子にのってのみ続けていると、翌日宿酔いということになって一日棒にふることになる。頭痛と胸のむかつきで、何をする気もしないつらい時間がやってくるのである。だから、ほどほどにのむべきなのだが、ここのところがどうにもむずかしい。

酒をおぼえたての頃は、宿酔いする前にゲロを吐く。このゲロを「お好み焼き」という人がいて、僕はしばらくお好み焼きが食べられなくなったことがあった。酒代を思えばずいぶん高くつくお好み焼きで、ケチな人なんかはもったいないから吐かないぞ、と頑張ったりする。しかし、これは何度も大量に水をのんでは繰り返し吐いて、胃のなかをすっかり空にしておいたほうが翌日の宿酔いもいくぶん軽くなるようだ。がぶがぶ水をのみ、人さし指と中指を喉の奥につっこんで、オエッとなりながら水ごと吐き出すのである。

僕はそんなに酒に強くはないほうで、この頃は日本酒にして毎日四、五合ほどであろうか。だいたいそのくらいのむと目元がとろんとゆるんで、眠たくなってくる。若い頃は、やはり夜を明かして酔いつぶれ、空き地の土管のなかでカバンを枕に寝たりもしたが、その頃に比べると格段に酒量は減って安定してきた。酒の経験を積むと、だんだんとその日その日で、あ、これ以上のむとまずいなと次第に自分の適量がわかるようになり、このあたりから、ようやく酒を本当に楽しいと思えるようになる。それでもなお、ときどきのみすぎて宿酔いをやる。僕の父などは、八十三歳のいまも毎日晩酌を欠かさないが、たまに遠方から友人が訪ねてきたりすると調子づいて一升酒などのんで、翌朝青黒い顔をしてうんうんうなって母から叱られている。どうやら生涯宿酔いとは付き合わねばならぬようである。

宿酔い予防のためには、そうした薬も売られているが、酒をのむときに、ウィスキーなど度数の強い酒をのむときのチェイサーのように日本酒でもワインでも、隣に水を置いてときどき口に含みながらのむといい。しかし、なによりのむ前に風呂に入って一日の疲れを落としてからのみはじめるのが一番だ。僕は経験上、酒をのんで疲れがとれたとか、ふさいでいた気持ちが晴々としたことはない。結果は正反対で、酒が毒のようにまわってますます悪いほうへと向かう。一刻も早くのみたいから、めんどうだったり、時間がないと思ったりもするが、後でどうせ風呂に入らねばならない。ここはひとつビール一本のんだつもりでどぼんと湯につかり、一日の疲れを洗い流してのんだほうが、酒はうまいし、気持ちよく酔いがまわって次の日宿酔いにもなりにくい。

のみ友達と馬鹿な話なんぞして、ときにケラケラ笑っていい気分でのむような酒は、まず夜をまたがないが、それでもたまにのみすぎて宿酔いに陥ることがある。そういう朝は、なぜか熱々のみそ汁がうまい。宿酔いの対処法には、たくさん水をのんで、ゆっくりぬるま湯につかるとか、梅干しをかじりながら濃い緑茶をすするとかやるけれども、最近は「恵命我神散」という漢方をひとにすすめられ、僕にはこれがよく効くので旅にも持ち歩いている。のむ前でも、のんだ後でも服用できるのも都合がいい。

のみすぎた翌朝、布団のなかで目覚めて、「あ、やっちまったかな」と思いながら体を起こして宿酔いがないとほっと胸をなでおろすが、ここで油断は禁物だ。年をとると、朝目覚めたときはなんともなくて、午後になって宿酔いがきたりもする。宿酔いにもひどいのと軽いのがあるが、いずれの場合も、今夜はもう一滴も酒をのまんぞと仕方なく風呂場でボンヤリとぬるま湯につかってやりすごす。ところがいつもの習慣からだろうか、お湯からあがるとまた酒がのみたくなってくるのである。それで迎え酒と称してのむのだが、これはどこか死後の世界をさまよっているような酔い方をする。こういうときこそ早めに切り上げて、とにかく、ぐっすり眠ったほうがいい。ほどほどにのむというのは、できそうで、なかなかできないものである。

思い出の酒場料理

たまに、酒をのむのにつまみはいらないなどという、たくましい方がいるけれど、僕は食べるほうも好きで、のむときはピーナツでも海苔巻き煎餅のかけらでもよいのでなにかつまんでいたい。のんだ酒を分解するには、塩とタンパク質が必要なんだそうで、居酒屋で升酒を注文すると塩が付いてきたり、バーに豆やチーズなどのつまみがあったりするのは、そのためかなと思う。

昔、渋谷にスウィングというジャズ喫茶があって、そこでビールを注文するとポテトチップスの小皿が出てきた。こういうのをつまんで、ちょっとわかったような顔をして、ボチッボチッという埃めいたレコード針の音を聞きながらビールなどのむのは、まさに至福の時間であった。ただ、若かったから、こういうものをつまむと、かえって腹がへってきて、唐揚げやピザなどをむしゃむしゃ食いたいという食欲のほうがジャズの魅力を凌駕していった。

さて、方々のみ歩いていると、これはごはんのときにはまず食べないだろうという、酒をのむためだけの料理に出会うことがある。牛舌の赤ワイン煮だとか、ハモのしゃぶしゃぶだとか、そういう手の込んだものではないが、簡単で、なるほどと思う気が利いた一品。前に書いた通り、そうしたものを僕は家で真似てよく作るのだが、いくつか思い出しながら書いてみようと思う。

まずは、武蔵小金井の「大黒屋」の「チーズ海苔巻き」。プロセスチーズに海苔を巻いただけのものであるが、ビールにはもちろん、日本酒にも焼酎にも合う。この店には他に、「かいわれハム巻き」という逸品もある。こちらはかいわれの束にロースハムが巻いてあるだけで、マヨネーズをちょっぴりつけていただく。

ハムといえば、今は移転して新しくなったが、昔、古いビルの地下にあった頃の、渋谷の「富士屋本店」の「ハムキャベ」もうまかった。楕円形の皿に山盛りされた千切りキャベツの上に、大きなハムが何枚か覆いかぶさっているのだが、これをオムライスを食べる要領でくずしつまみながら、レモンサワーなんかのんだ。家で作るときは、さらに目玉焼きや焼いたソーセージなどものせ、マヨネーズにケチャップなど加えて豪勢にやる。要するに、山盛りした千切りキャベツに肉料理をのせて食えばうまいわけで、食っているとこんがり焼いたトーストなんかも欲しくなってくる。

湯島の「岩手屋」の「南部せんべい」。これも目からウロコであった。皿に南部せんべいが一枚とバターがひとかけのせられて出てくる。考えてみると、ピーナツにバター、焼いた小麦であるから、ビールに合わないわけがない。

家の近所のもつ焼き屋で知った「ゆで厚揚げ」も、たびたび作る。厚揚げといえば網で皮にカリッと少し焦げ目をつけて焼くものと長く思っていたのだが、この店では蓋つきの小鍋で茹でて切り分け、刻み葱、大根おろし、おろし生姜をのせたのが出てくる。かつお節をのせ、醬油をまわしがけて食べるのだが、油で揚げた皮がとろりとして、おでんの厚揚げのあっさりしたような味で酒によく合う。

信州松本の「スタンディング8オンス」という立ちのみバーは、気の利いた肴がそろっている。なかでも安くてうまいと評判なのが、「丸善ホモソーセージの天ぷら」。この魚肉ソーセージは信州ではポピュラーなものらしい。

たしか、トリスウィスキーのハイボールが一杯二百六十円。安酒には、ハーブ入りの本格ソーセージなんかより、こういう庶民的な味のソーセージのほうが似合う。

東京駅八重洲口の「ふくべ」は、酒通の店だが、ここもまた、お通しで出てくる昆布の佃煮から、たらこの皮だけをさっと炙ったチョイ焼き、まぐろのぬたなどあって、こういうのを肴に、樽からごぼごぼ注がれた菊正宗をのむ。この店の佇まいを思い浮かべただけで、仕事も忘れて頭がぽおっとしてくる。

山谷の「大林」で「ぎんなん」を注文すると、殻ごと焼かれたぎんなんと一緒に牛乳瓶くらいの硬い木の棒が出てくる。この棒で一粒ずつ殻をたたいて割ると、つぶれた殻から翡翠色の美しい実がのぞく。それを指先でつまみだして嚙みつぶしては、酒をきゅっとやる。家でもやりたく思って、先日、小楢の枝をナイフで削って、ぎんなん割棒をこしらえた。ほうろくがないので、島根の湯町窯のエッグベーカーで代用して、底に塩を敷き、ぎんなんを焼く。殻が焼けるときの甘く香ばしいにおいがすうっと鼻から入ってきて、それだけで一杯のめそうだ。

二〇二〇年
伊三夫

もつ焼き屋

ふりかえってみると、もつ焼き屋へ行く日は、朝からそうと決めていることが多い。店の開店時刻が早く、予約ができないということも、その理由のひとつである。名店ともなれば開店の一時間ほど前から並んで待ち、暖簾が出たとたんに満席となる。だからお昼を過ぎた頃からもうそわそわして、落ち着いていられない。祐天寺駅近くの「忠弥」などは、午後二時を過ぎたあたりで暖簾が出て並んだ客たちがどやどやと入っていき、列の先頭にいた客から順に注文をするのだが、おしりまで来る前にぱたぱたと品書きの札が裏返されて売切れとなっていく。

ある夏の暑い日だったが、のみ友だちと一番先頭に並んでやろうと十二時すぎに行ってみると、もう、五、六人客がいた。「とんでもない奴らがいるもんだな」。僕らは負け惜しみを言って、行列のおしりに並んだ。ただ立っているだけで汗が噴き出してくるほどで、何度もハンカチでぬぐいながら暖簾が出るのを待っていたのだが、その列の一番先頭に、仕事先の出版社の重役がいたのである。偉い人だからまともに口をきいたこともなかったが、そのうちに目が合ったので会釈をした。僕は、いい年をして平日のまっ昼間から何をやっているんだと思ったが、たかだかもつ焼きを食うために、炎天下で二時間も待つという姿に立場を越えた親近感をおぼえた。「もつ焼き屋」を前にすると、身分であるとか、肩書きであるとか、そういうものは野暮に思えてくる。実は、その方とは日暮里の「鍵屋」という渋い居酒屋でばったりと会ったこともあった。妙なところでまた会って、互いに酒場へのこだわりが似ていると感じた僕らはその後、連絡を取り合って一緒にのみ歩くようになった。東京には、ほかにも新宿の「ささもと」、東十条の「埼玉屋」、荻窪と吉祥寺の「カッパ」など、もつ焼きの名店と言われる店がいくつもある。いずれもまだ外も明るいうちから通りに肉の串を焼くうまそうな煙をたなびかせ、客が肩を寄せ合いコップ酒をあおっている。

僕は店に入ると、まず煮込みをもらい、もつ肉の串の注文を終えてのみはじめる。こうして焼いてもらうのを見ながら待つ時間が、なんとも愉しい。

昔ながらのもつ焼き屋では、酒癖の悪い客を追い返す口実であろうか、客に出す酒の量は、焼酎は三杯まで、酒は五杯までというところもある。もう五十も過ぎると、こういう酒場でのむことに、さすがに何の戸惑いもなくなるが、二十代、三十代の頃はなかなか緊張した。すべての店がそうではないが、もつ焼き屋はぶっきらぼうな店も多く、暖簾をくぐっても「いらっしゃいませ」もなく、チラッと横目で入店を確認されるだけで、席に腰かけても「何になさいますか」などと声をかけられることもなかったりする。黙っていると何も出てこないのである。壁に品書きの札が並んでいるものの、チレ、テッポウ、シロ、リンゲル、ガツ、など、まるで符牒のようで、初めて行くとどんなものかさっぱり見当がつかない。僕は二十歳を過ぎた頃一人で行って、「坊やが来るところではないぜ」と思われているようで、なんだかおそろしくなって、何も注文せずに出たことがあった。とはいえ、なんとか一人前の酒のみになってやろうと通い、声をうわずらせ舌をもつれさせて注文するうちに、だんだんなじんでいった。

そういえば、いつも髪を切りに行く床屋の主人が、酒が大好きであるのに、五十歳になってももつ焼き専門の暖簾が怖くてくぐれないというので、一緒に店に入って、インストラクターをやってあげたことがあった。

「焼酎ヒヤふたつ。あと煮込みふたつと、タン、ガツ、オッパイ、ヤゲン、二本ずつ、塩で」

と僕が注文をして、「はいよ！」と大将の威勢のよい返事が返ってくると、床屋はとなりで目をぱちぱちさせて見ていた。

「まずはじめにのむ酒を伝えてね、それから食べたいもつ焼きの串の名前と本数、塩とタレのどっちで焼くか伝えるんです。次は、自分でやってみてください」

床屋は少しばかり酒がまわって、多少緊張がとけてはいたが、いざ焼酎のおかわりを注文する段になると、「すみませ〜ん」と蚊の鳴くような小声になった。これではだめで、何度言っても忙しく立ち働く店の人に一向に相手にしてもらえない。床屋はすでに泣きそうな顔であった。それで、店の人がこっちを向くタイミングを見計らってコップを持ち上げ、大きな声で短く「焼酎おかわり」と言うのだと教えると、床屋はその通りにし、ようやく注文が通った。ただ焼酎のおかわりができただけであったが、満面に笑みを浮かべていた。

その後、床屋は味をしめてどうやら足繁く通ったらしい。いまでは席に着いただけで、黙ってビールが一本といつもの串が出てくるのだと、髪を切りながら、もう何度も自慢げに話すのである。

カーバイトの灯るおでん屋台

酒場というと、ときどき思い出す顔があって、それはうす暗いカーバイト灯火で照らされた、浅黒い、しわだらけの老婆の顔である。カーバイトというのは、その昔、炭鉱の坑内や夜釣りなどでよく使われた携帯用の照明だ。かつて、渋谷の井の頭線の駅舎のそばに、この明かりを灯した小さなおでんの屋台が出ていて、老婆が一人できりもりしていた。

その頃僕は、美術大学を卒業して大手町の広告会社に就職したばかりで、都心の酒場についてはまだよく知らなかった。ただ酒は好きで、学生時代から住んでいた東京郊外の府中の下宿から通勤して、帰りに渋谷や下北沢で途中下車をしてのむことが多かった。まだ今のようにネット情報も、酒場案内の本もない頃の話。金もないから、安くのめそうな店を探しては、行きあたりばったり飛び込んでいた。だから、外から酒場の様子がわかる屋台はどこか心安い感じがしたのだ。

しかし、のんでいるのは自分より年配の男ばかり。働き盛りのサラリーマンたちが立って皿のおでんをつまみながらコップ酒をあおっている様子が、気弱な若僧の僕にはまぶしく、入るのに勇気がいった。当時、こういう酒場で女性の姿を見ることは、ほぼなかったと記憶している。まさに大人の男たちの世界だった。

ある夜、思い切ってその男たちの隙間に、そっと潜り込むように立った。カーバイトのアセチレンガスを燃やす臭いが鼻をつき、老婆はなにやら長い箸で四角い鍋のなかのおでんの具をいじったり、一升瓶から客の酒のおかわりをそそいでいたのであるが、こちらをちらっと見たきり無視をしていた。今ならば、こういう店に入るなり、「おかあちゃん、熱燗。あと、おでん、いいかな」などと即座に注文できるが、まだ酒場の経験が乏しかったから、緊張して黙って突っ立ったまま、声をかけてもらえるのを待っていた。

そのうち、ようやく婆さんが、

「なにィのむの」

と、しびれを切らすように、少し訛りのある声で聞いてきて、ようやく目

の前に酒が出てくることになった。ところがこの婆さん、一升瓶を傾けながら、

「お兄ちゃん、これのんだら、お家に帰って手マンコしな」

などと言うのである。僕はぎょっとして、思わず婆さんの顔を見た。婆さんは、笑ってもおらず、かといって怒っているふうでもなく、無表情であったが、目が合うと、

「手マンコ好きなんやろ。そんな顔しとる」

とまた言った。

僕は、はい、とも、いいえ、とも答えられず、黙ってコップに口をつけた。それは、ガキがのみにくるところではない、と言われているふうにも感じられた。変な店に入ってしまったな。そう思いつつも、腹が減っていて何かおでんを注文しようと鍋をのぞきこむと、婆さんは、また同じことを言った。あまりにも衝撃的で動揺してしまったから、酒の味も、勘定がどうだったかも、全く覚えていない。もっともその頃は、酒の味などわかっていなかった。なにしろ、イカソーメンを肴にバーボンウィスキーをのんでも平気な若僧である。

二〇二二年 伊三夫

ビール
酒

酒場というものに無知であったが、おいしいだとか、親切だとかの当たり前を売りにしていない様子が、なんとなく自分の肌に合うように思えた。しばらくしてまた行ってみると、婆さんはまた、「手マンコ」を繰り返したが、やがて通ううちに、他の客にも同じことを言っているのを聞いて、ようやく彼女の挨拶がわりであるということがわかった。僕には、もう言わなかった。あれは、いつどんな客が入ってくるかわからない渋谷のようなにぎやかな場所で、屋台をやっていくのに、酒のみの男どもになめられない知恵なのかもしれない。おそらく、長い間ここで商売を続けている間には、酔っぱらった客の婆さんへのひどい罵声、無銭飲食、客同士のケンカなどもあったにちがいない。きっと、一瞬で客の素顔を見分ける挑発的な技なのだ。婆さんは、あんな下卑た言葉を客にあびせかけつつ、夜の街で小さな酒場を守っていたのだろう。

それにしても、「手マンコ」とは、彼女の造語であろうか。あれが、オナニーとか、マスターベーションとかだったら、さすがに僕は気味が悪くなって、すぐに出ただろう。実にユーモラスでいいではないかと、今思い出すと笑ってしまう。

その後も何度か通ったが、府中から中央線の町へ引っ越すことになって、自然と足が遠のき、あるとき久しぶりに寄ってみたくなり渋谷まで行ってみると、開発であたりの風景は様変わりして、屋台は消えていた。近くに移ったのかもしれないと、しばらく歩いてまわったが、やはりなかった。僕は、あれほど強烈な店の主に出合ったことはない。今となっては、勘定のとき「さてと、そろそろお家帰って、手マンコでもやるかナ」などと婆さんに返せなかったことだけが悔やまれる。

銀座のバー

勤め先だった会社の住所は、東京都千代田区丸の内一－一－一。東京駅から歩いて五分、ビルの窓からは皇居のお堀が見えた。食べ物屋の看板もなく、落ち着いた雰囲気の渋いビルが立ち並ぶこの日本のビジネスの中心地に僕は五年ほど通勤した。まだ新丸ビルも建っておらず、高層ビルといえば赤煉瓦の旧安田火災海上と保険のＡＩＵのビルくらいしかなかった時代。駅の反対側の八重洲口に新宿に移転する前の都庁があった。

会社は東京の中心にあったが、九州から上京して学生時代を八王子や府中といった東京郊外の下宿で過ごしたので、東京都心については知らないことだらけだった。当時、僕は二十二歳。サン・アドという広告制作会社にデザイナーとして入社したが、いくら美術大学でデザインを学んだからといっても、入社してすぐにデザインをやれるほどこの業界は甘くはなかった。デザイナーなどととても名乗ることのできない下働きの日々であった。今ではマックなどのパソコンを使うようになって無くなったが、当時は、雑誌や新聞などの広告のデザインを印刷所に渡すために台紙に接着剤で写植の文字を貼り付け、写真のアタリを描き入れた「版下」と呼ばれるものを作成した。僕の仕事の多くは先輩の指示に従って、毎日、大量に印刷所へ渡すこの版下を作ることだった。写植という活字を印画紙に焼いたものが届くと、文字と文字の間を0・2ミリずつ開けるためにカッターと定規で一文字ずつ切り分け、ピンセットで少しずつずらして台紙に貼り付けたりの細かい仕事でひどく手間がかかり、毎晩遅くまで残業していた。これはデザインを体で覚えるための修業とのことであったが、デザインの恰好良さばかりに憧れていたその頃の僕には、ただつらいことのように思えていた。たまに撮影ロケなどに行くこともあったが、なにしろ一番下っ端だから、現場ではクライアントをはじめ、カメラマンやスタイリストなど沢山のスタッフにペコペコ頭を下げなければならない。自分より下がいないというのはなかなかつらいもので、そのうち僕は何をする人かもわからないまま、会う人全員に頭を下げていた。

とはいえ、会社の先輩たちには昼間に須田町あたりのそばやでのむ酒や、隅田川の屋形船でのむ酒を教わった。深夜まで残業したあとにはよく六本木の「ジョージス」に連れて行ってもらい、ジュークボックスでマービン・ゲイやジェームス・ブラウンをかけてウィスキーをのんだが、こうした愉しい酒場があることを知ったのもこの頃である。

入社後しばらくしたあるとき、僕はTシャツに短パン、サンダルばきで出社してみたことがある。まだまともに仕事もできなかったが、デザイナーだったから服装は自由でありたいと思ったのだ。しかし、数日そのような恰好で通勤を続けて専務に呼び出され、プレゼンでクライアントに出向くこともあるのだから、白シャツ、長ズボン、革靴で出社するようにと叱られた。会社員であるならば、たしかにそうすべきだと思ったものの、当時の僕の月給は手どりで月十二万円程度。家賃と水道、電気代を払うと食費もままならぬほどだったから、学生時代に通っていた福生の古着屋へ行って買い揃えることにした。革靴は高かったので、少しサイズは大きいが米軍の放出品の黒光りする五百円のエナメル靴にした。鏡の前に立って自分の姿を見てみると、ズボンの丈が足りなくて、まるでピエロに扮したチャールズ・チャップリンのようだった。仕方がない、そのうち買えるときが来るだろうとあきらめて出社すると、案の定、「君、なかなか独特のセンスだね」などと笑われた。

一人でふらりと銀座の高級バー「クール」へ行ったのはそんな頃だった。山口瞳のエッセイでこのバーのことを読んでいるうちにすっかり山口瞳になりきってしまい、店に向かった。まったく身のほど知らずとはこのことである。会社で先輩たちがウィスキーの広告やワインのカタログなどをデザインしているのを見て、まだ洋酒のことをまるきり知らないことに、少しあせっていたのかもしれない。山口瞳は、通った会社の創始者の一人だった。

コリドー街の喧騒をぬけ、その小さなバーを探してたどり着いたが、なかなか扉が開けられなかった。初めて成人映画を観に行ったときも、まったくこうであった。しばらく店の前を行ったり来たりしてようやく思い切って入ってみると、小さなカウンターのうちに老バーテンダーが二人、外に上品なスカート姿の美しいマダムがいて、優しくほほえみかけてきた。後に知ったが、手前にいたのは古川緑郎さんという銀座を代表する著名なバーテンダーだった。カウンターに立ったはいいが、頭のなかは真っ白で、歩くと足がもつれそうである。内心、「お前が来るような店ではない」と思われているのではとどきどきした。声をかけて欲しいような、欲しくないような気分で、緊張しているのを悟られまいと店になじんだふりをしていた。でも、今思えば、あきらかに周囲から浮いていたと思う。

そんな坊やを、マスターもマダムも、まったくこうしたことに気付かぬそぶりで、常連のお客とかわりなく実に親切に迎えてくれ、その自然な接客の様子に、僕は「一流の店とはこうなのか」と心でつぶやいた。少し安堵して、カウンターの小さな木製の譜面台のような形の台に置かれたメニューを見て、一番上に書いてあった「クールNO.1」というカクテルを注文したと思うが、ひと口のんで、なんだこれはと、それまで口にしたことのない酒のうまさに驚いた。たしか、一杯二千五百円ではなかったか。これは僕のエナメルシューズ、五足分の金額であった。

二〇二一年
伊三夫

ウィスキー

このあいだ酒屋へ行くと、ジョニーウォーカーのレッドライフィニッシュという珍しいウィスキーが売られていたので買ってきた。どうやら数量限定で発売されているものらしい。もともと僕は、口あたりもよく、深くまろやかな味わいのするこのブレンデッドウィスキーが好きだった。小津安二郎監督の映画『秋日和』では、中村伸郎が炭酸で割りながら座敷でのむ場面が出てくるが、当時日本ではずいぶん高価なものであったはずだ。樽熟成の最後にライウィスキーの樽で寝かせたというだけあって、まろやかさにほろ苦さが加わり、チョコレートやクレームブリュレなどの甘い菓子にもよく合うと思う。もちろん、ピーナッツやあたりめにも。

ライウィスキーは、もう数週間水と雑草ばかり食って荒野をさまよいやせ細った人間のような、痩せた香りが魅力だ。たとえて言うと、イギリス食パンやフランスパンではなく、黒いライ麦パンというか。華やかではなく、素朴な味わい。いつだったか、丸の内のパレスホテルのバーでのんでいると、まだ仕事の途中なのだろう、忙しそうに入ってきた男が、オールド・ファッションドというカクテルをライウィスキーで作ってくれとバーテンダーに注文していたことがあった。男は、厚手のロックグラスをわしっとつかみ、人差し指で氷を押さえて一気にのみ干し、最後にグラスからオレンジをとり出して齧ると、早々と勘定をすませて出ていった。いや、あっぱれ。恰好いいなあ。それに、なんとうまそうにのむのか。若僧の僕は、さっそく真似をして一杯注文した。このカクテルは、通常は甘いバーボンウィスキーをベースにビターズと角砂糖、オレンジ、レッドチェリーなど加えて作る。ライウィスキーを使うと、甘さとほろ苦さ、柑橘の香りが絶妙なバランスで絡まり合うのだ。うまいので、二杯目をおかわりしたと思う。

そういえば昔、銀座のバーのマスターと、ウィスキーとはどんな酒かという話になった。食中にのむ、いわゆる醸造酒であるワインやビールなどとは違って、ウィスキーは食後にのむ蒸留酒で、度数も四十度以上ある。では、フランスのブランデー、ロシアのウォッカ、イタリアのグラッパなどの蒸留

二〇二一年
伊三夫

酒と比べてどんな独特の魅力があるのか。

「たとえば、寒い霧のような小雨が降る日に、男たちが数人、車で森のなかの一本道を走っていると、突然、車が故障する。あたりには木立のほかに何もない。なんとか車を動かさねばならないと、雨にずぶ濡れになりながら必死で車を押していると、奇跡的にエンジンが復活して音が鳴りはじめ、男たちは歓声をあげる。よし、乾杯だ、と誰かが凍えた手でトランクのなかから一本の酒をとり出してくる。そのときの酒は、ウィスキーでなくちゃならないね」

と、マスターが言ったことが今も忘れられない。まさにウィスキーを語るこの話に僕はすっかり感動した。ウィスキーというのは、荒々しさが魅力だと思う。

以前青森のバーで、常連客の男が薪ストーヴでこまいを炙っていたことがあった。店のなかに段ボールが積んであったり、何かが入ったスーパーのビニール袋が置いてあったりするような、地元の人たちが長靴をはいて気安く通う場末の酒場だった。男は、こまいが焼き上がると、それをトンカチでたたいてむしり、むしゃむしゃ嚙みながら実にうまそうにウィスキーをすすっていた。海風に吹かれたピートをキルン塔で燃やして作るウィスキーには、わずかに潮の香りも入っていて魚介との相性もいいのだ。生ガキやスモークサーモンなどの肴ともよく合う。寒い日で、僕はマフラーを巻いたまま立って、ストーヴで手をこすり合わせていたが、たまらなくなって、隣の丸椅子に腰かけて、こまいを焼きはじめた。

博多のネオン

年があけて、博多で地元の友人たちと、おでん屋に行く。そのまえに、ちょうどかかっていたアキ・カウリスマキ監督の『枯れ葉』を見た。突然の引退宣言でファンたちを悲しませたあと、六年ぶりに公開された新作映画。主人公が、ラジオから流れるロシアのウクライナ侵攻のニュースをきいて、「ひどい戦争ね」とぽつりとつぶやく場面が忘れられない。そして最後の彼女のウィンクも。どこか懐かしさが漂う、セックスも暴力もないラブロマンス映画に、僕は、この出口のみえない時代に生きる希望をもらった。

映画を観おえて、天神の親不孝通りにある「屋根裏貘」で友人のひとりと待ち合わせ、西中洲まで夕暮れの通りを歩く。彼の地元、長崎にある「はくしか」という老舗のおでん屋の支店へ向かったが、ここが実にいい酒場であった。長崎名物のあごなど、何種類もの干魚で出汁をひいたうす味のおでん

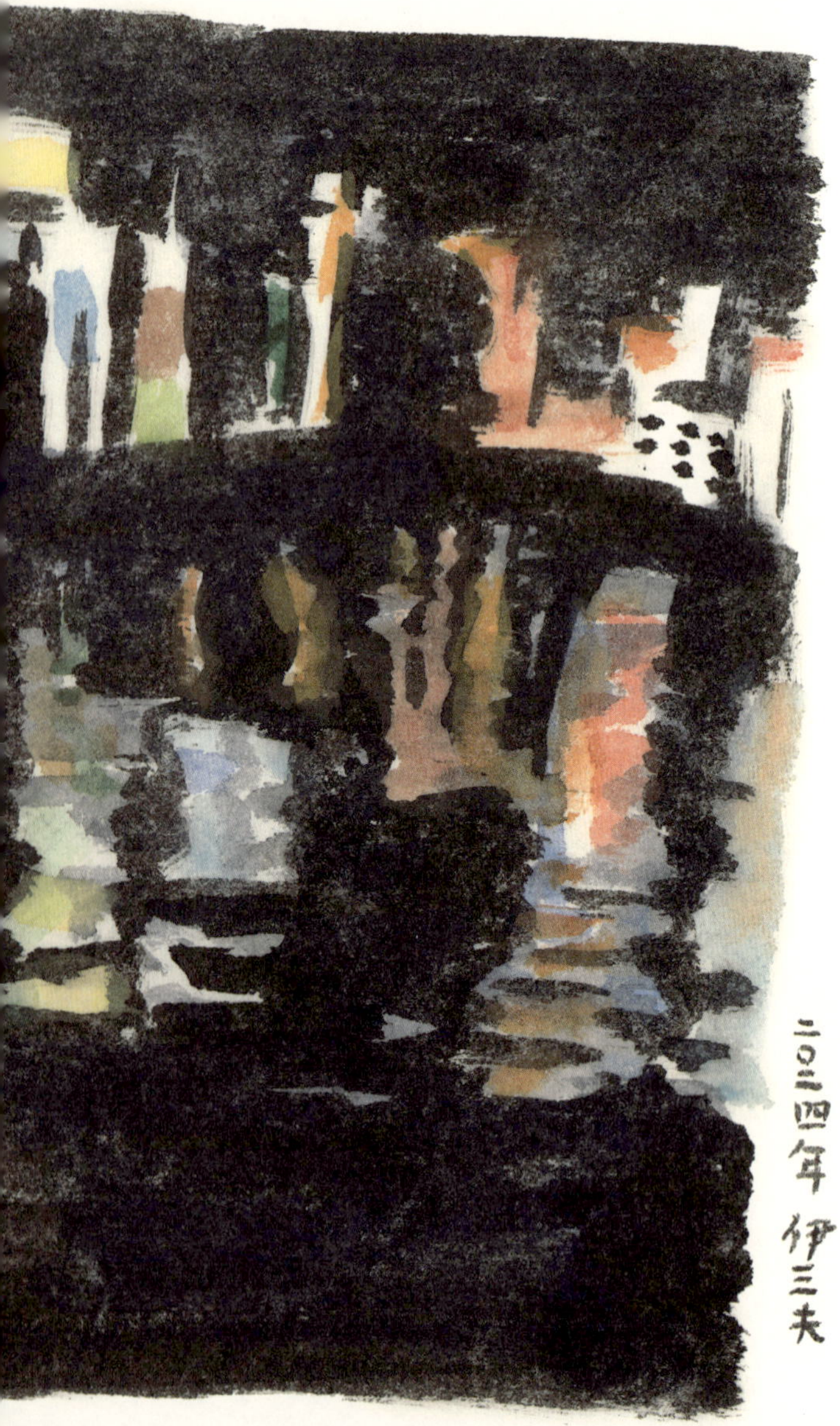
二〇二四年 伊三夫

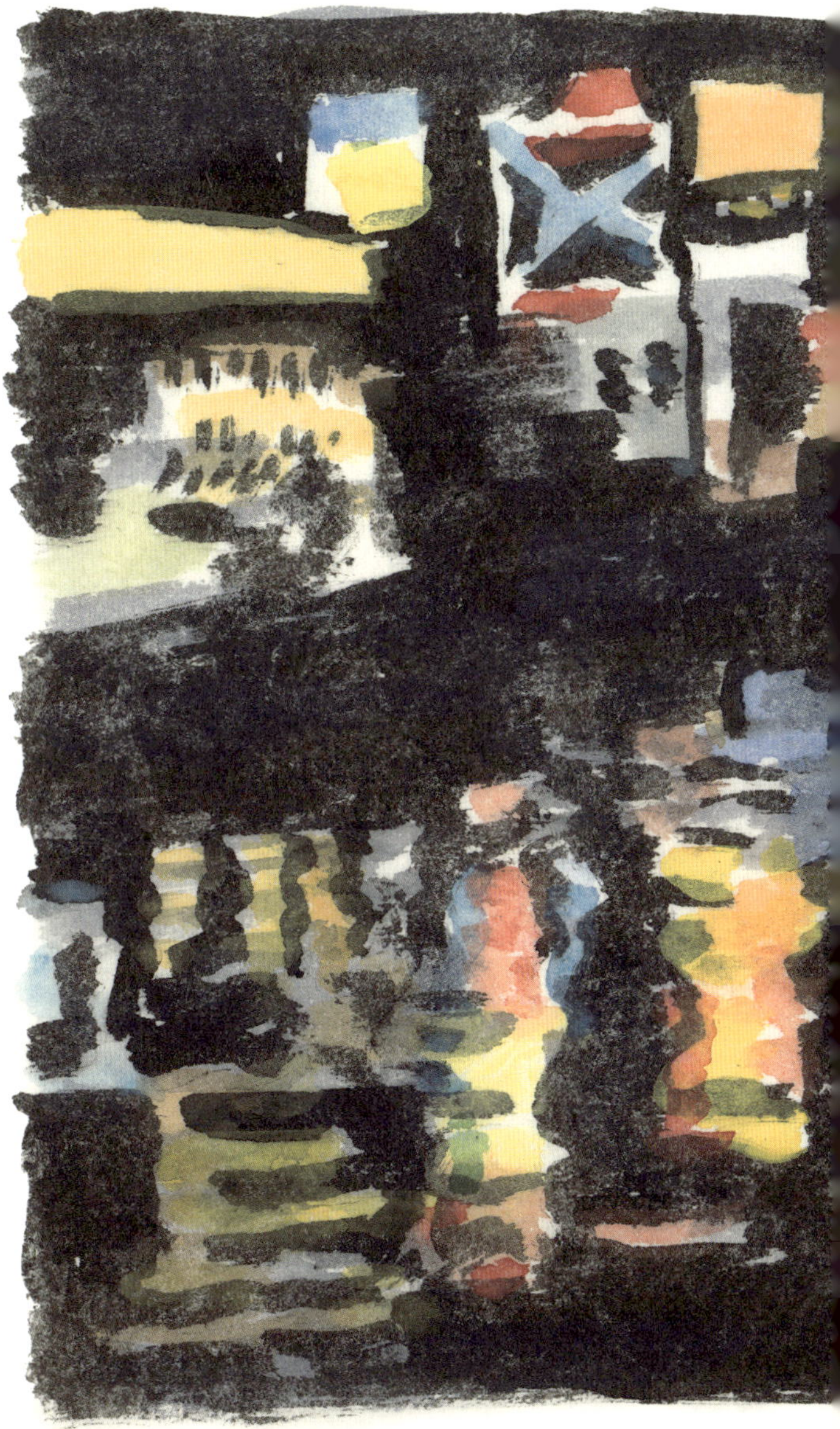

が出てくると、「長崎のおでんは、こうなんよ」と彼はうれしそうにビールに口をつけた。ほかに、胡麻かんぱちやクリームチーズ、雲仙ハム焼きなどを出すのだが、どれも気の利いた酒の肴ばかりだ。やがて、ほかの友人たちもやってきて、お銚子を二、三本ずつ、くり返しおかわりしていると、途中から何本のんだかわからなくなった。もうすっかりできあがって、なんだかみんなヘラヘラしていたが、二軒目、「いしばし」というバーへ行く。到着すると、集まったなかの博多出身の友人がマスターに向かって「モスコミュール、五杯」なんて言う。たしかにここのモスコミュールは絶品なのだが、バーカウンターでこんな注文の仕方をするのは、聞いたことがない。博多っ子は、実に大胆なのである。それはともかくとして、おでんで酒をのんだあと、こうして洋酒をのみにいくのは、実に愉快だ。ふたたび乾杯をして、窓から那珂川の川面にネオンが映る景色をながめた。いかにも博多らしい風情が漂うが、この景色をみると、僕はいつも高校時代のやりきれない頃を思い出す。

高校三年の夏、僕は九州大学へ通う高校の先輩の下宿に居候して、美術大学受験のために二週間ほど博多の中洲にある予備校に通っていた。東京芸術大学を出た講師が二人で営むマンションの一室の小さな予備校だったが、知り合いは一人もおらず、毎日誰と話すこともなく過ごした。地元の高校に通う可愛い女の子がいて、話しかけたかったが、極度にシャイだったから、意識しすぎてまともに挨拶もしなかったように思う。休憩時間になると二浪、三浪の人たちが、外へ出て眉間にしわを寄せ、なにやら険しい顔をして、外へ出て煙草をふかしていた。

僕がここで勉強したのは、実技の試験のためのデッサンや平面構成などである。平面構成というのは美術大学のデザイン学科の受験科目で、出されたテーマに沿って紙に画面構成をしたり、絵の具で着彩したりして表現する。たとえば、「暑いと寒い」というテーマだとすると、むらむら真夏の蜃気楼のような曲線で構成した画面を、赤や黄の暖色の絵具で塗り分け、もうひとつを割れた氷のようないかにも寒々しい鋭い直線で画面を構成して薄水色や青の絵具で塗り分ける。そうやって暑いと寒いのちがいを表現するというような具合。いわば、デザイン表現の基礎のようなものである。無論、試験でこんな単純なお題が出されることはない。この予備校で、もっとも記憶に残っているのは、太い一本の釘を渡され、それをテーマに平面構成をするという授業だった。

「釘って、どこまでも釘じゃないのか……」

僕は丸二日間、朝から夜まで、釘を机の上で転がしてみたり、手に持ってじっと見つめてみたりした。しかし、それまで高校の授業で習った数式も、英語の文法もまったく役に立たない世界にすっかり頭が混乱し、けっきょく提出時間ぎりぎりまで画用紙は真っ白のままだった。とにかく何か提出しなくてはと、なんとか釘が机を転がるときの扇状の軌跡を描いて提出したが、講評会では見向きもされない。他の浪人生たちが、釘一本からイメージをふくらませて、見事に美しい木目の材木と釘を組み合わせた絵など作ったりしているのをみて、はっとした。そんな柔軟で自由な発想もなく、単に即物的でひどく貧しい自分の思考では、とても美術大学などに合格できないだろう。

毎晩、予備校を終えて外に出ると、那珂川の川面にゆれる赤や青のにぎやかな街のネオンを眺めた。酔っぱらいたちが笑うにぎやかな屋台ごしに眺めるその光はことさらに不安を高め、淋しくさせる。今ならば、その屋台に飛び込んで、おでんでコップ酒をあおることもできるが、十七歳の高校生に、そんな逃亡先はありもしない。無能なまま講習期間を終え、気になる女の子と話せないどころか、友人もできず、ひとりぼっちのまま郷里の小倉に帰ることになったのだ。

それから四十二年。たいして才能もないのに運よく美術大学に合格して、東京で暮らすようになったが、それから、なにがどうかわったのだろう。あの女の子はどうしているだろうか。こんな愉快な夜も、博多のネオンの景色は、ふとその頃を思い出させる。

マダガスカルの酒（前篇）

冬の寒い夜に、薄っぺらいアルミの小鍋を七輪にかけて湯豆腐を仕立て、薬缶に沸かした湯で燗をして酒をのむのは、このうえなく愉しい。豆腐のほかにタラやカキ、あるいは、豚肉やもやしなんかも入れたりする。豆腐は茹ですぎず、ころあいのところをさっとすくって食うのがうまい。春菊なんかは、わずかに湯を通すだけの、しゃりしゃりした歯ごたえが残るくらいがいい。

我が家では、鍋は寒い部屋で、白い湯気をたてながら食うほうがうまいというので、真冬でも窓を開け放ってやる。一、二月ともなれば氷点下近い気温になり、たまに小雪がちらついたりすることもあるが、それでも褞袍《どてら》を着てマフラーを首に巻き、窓を開け放って鍋を囲む。妻などはぶるぶる震えながら、さらにスキー帽をかぶり、厚手の靴下を重ねてはいてカイロまで準備している。さすがに手袋まではしていない。寒さも味のうちと思ってのことで、生姜を大量におろし入れて熱い汁をすすり燗酒をのんでいると、そのうちに体がポカポカしてきて、赤らんだ頬が冷気にあたるのが心地よくなってくる。白い息を吐きながら食っているから、家のなかにいるのか庭にいるのか、わからなくなる。つまり、屋台と同じなんである。湯豆腐は、冷たい唇で熱々をふいて、はふはふ口のなかで転がすように食うのがうまいのだ。燗酒も冷えた体にすうっと入ってくるとありがたく思えて、思わず舌鼓を打ってしまう。

静かな東京郊外の家で、テレビもつけず音楽もかけずに裸電球をひとつ灯してのんでいると、時折、雑木林の向こうから電車の走る音が北風にのって聞こえてくる。鍋が終わると、今度はウィスキーなどとり出して、夜更けまでストーヴの火の前で一人のむのだが、コロナ禍でこうして酒場へも行かずに家でばかりのんでいると、ふと、懐かしいお酒の記憶が蘇ってきたりもする。

アフリカのマダガスカルへは、もうずいぶん昔になるが、一九九八年と二〇〇六年にこれまで二度、旅したことがあった。モザンビークの海岸の沖

SANDENDA
VOLA
BAR
二〇二二年
伊三夫

に浮かぶ大きな島国だ。いずれも一か月ほどの滞在で、何度となくこの島国に通っていた写真家の堀内孝君の撮影旅行に同行してのことだった。彼のほうは、この島国の人々の暮らしや、珍しい植物や動物の撮影というライフワークの延長であったが、僕のほうはと言えば、とくにこれといった目的もなく画帳をかかえてスケッチに行っただけであった。

ここでのんだ酒はうまかった。アフリカとはいえ、この島の中央部の高地は涼しく、朝晩はセーターを着なければならぬほど冷え込む。稲作も行われ、かつてはフランスの植民地であったからだろう、ワインも製造されている。街の酒屋へ行くと、大きなプラスティックの貯蔵樽から、お客が持参する容器にボールですくって、なみなみに注いでくれる。ちなみに、この国では液体のものはなんでも、この安っぽい樽に入れて貯蔵する。木樽や瓶からでないのに大いに驚いたが、そこはお国の事情というもの、何しろ物資が乏しいから、その昔はプラスティック製のボディの車もあったと聞いたことがある。僕はコカ・コーラの空瓶に移してもらい、それを下げてホテルに戻る途中、道端で量り売りしている落花生をつまみに買って、部屋でのんだ。少し変な苦みがあって決して上等なものではなかったが、現地の人たちの日々の暮らしに溶け込むような気分が愉快であった。何もすることがないので、あっという間にのみ干して、またふらふら歩いて酒屋へ行く。空瓶を差し出して「ドゥヴァイ（ワイン）」と言えば、おばさんがいくらでも貯蔵樽から注いでくれるのである。

もちろん、こんな安酒ばかりではない。街のレストランへ行けば、ボトル入りのワインもあるし、フランス人たちがバカンスで泊まるような高級ホテルの食堂などでは、ちゃんとしたワインリストも出てくる。僕は、首都のアンタナナリボにあるホテル・コルベールの食堂で、白ワインをのみながら生ガキを何皿もとって、一人黙々と食べているフランス人の男や、香水をプンプンにおわせてマダガスカル人の若い男を従えて贅沢に食事をするフランス人の年増女を見た。ここでは、デザートにバナナフランベを注文するとコックがうやうやしくワゴンにフライパンをのせてやってきて、バナナの皮をむいてバターで焼き、ラム酒の青い炎を燃やして調理してくれる。バナナをたった一本焼くのにここまでやるのかと驚いたが、おかげで僕は、その作り方を画帳にメモして、帰国後にバナナフランベが作れるようになった。これは、とてもうまい。

スリーホースィズビールという、馬の顔が三つ並んだ絵がついた国産のビールもある。アジア風の醬油味が恋しくなると、中国人の経営する店へ行って鶏の唐揚げや焼きそばなど注文してよくのんだが、日本のラガービールの味に近かった。この国の地鶏を使った唐揚げは絶品で、葱のような細い野菜をかじりながら「サカイ」という豆板醬の十倍くらい辛い薬味をつけて食べる。僕はしばらくやみつきになって、こればかり注文していた。もちろん、このビールは中国人の店以外にも置いてある。マダガスカルの大衆食堂では、テラピアという白身の川魚やコブ牛、子豚などを油で揚げて、トマトソースやカレーソースをかけて出すが、これにもよく合った。

マダガスカルの酒（後篇）

マダガスカルでは、ウィスキーに出合わなかったが、かわりにラム酒があった。首都の高級スーパーへ行くと、国産のものは日本のサラダ油のボトルのような形をした、小さいプラスティックボトルで安く売られていて、他にマルチニーク産の上等なものも並んでいる。しばらく首都に滞在していたが、やがて堀内君と乗り合いタクシーで、南部の田舎町への数週間の旅に出ることになった。僕は、もうおいしいラム酒が手に入らなくなるかもしれぬとあせって買いに走り、旅行カバンに数本詰め込んだ。

そうやって舗装のない赤い土のでこぼこ道を、数時間かけて町から町へと移動していく旅がはじまった。街灯もない森の一本道は夜は月明かりだけになる。たまに盗賊が現れるというのでいつも早朝に出発して、明るいうちに次の町へと到着した。無事に旅を続け、二週間ばかりしてベレンティという

二〇二一年
伊三夫

私設の自然保護区のなかにあるバンガローに泊まったときのことだった。堀内君は夜行性の動物を撮影するために、夕食を終えると現地の案内人をつけて真っ暗な森へと出かけていった。そのとき、僕は一人残って、ラジカセで地元で買い漁った音楽テープなど聴きながら、最後の一本になったラム酒をキャップに注いで、ちびりちびりやっていた。マダガスカル人たちは、夜になると電球のガラスや空き缶で作った粗末な白灯油のランプに小さな明かりを灯して暮らしていたが、この自然の森を残した保護区にはそうした人の気配もなく、真っ暗な闇のなかに、黒い木々の影がぼうっと見え、まさに降ってきそうなほど、たくさんの星がまたたいていた。僕は、そのうちいい気分になって、星空を見ようとバンガローの入り口の階段に腰かけてのみはじめた。ときどき森の奥から、なにか獣の声がしたが、静寂に包まれていた。自分の吐く息の音を聞いて、「あれが南十字星だろうか」などと夜空を見上げ、いくぶんロマンティックな気分にひたっていたのであるが、そのとき、突然暗闇に白い眼が四つ浮かんでいるのが目に入った。どきんとして、心臓が止まるくらい驚いた。それは、あきらかに人間であったが、肌が黒くて、よく顔がわからない。僕は覚えたてのマダガスカル語で「こんばんは」と挨拶をしたように思う。あるいは、あせって「おはようございます」と言ったかもしれない。すると、フランス語で「ボン・ソワール」と返事が返ってきて、僕のほうへ近寄ってきた。マダガスカル語ではなく、しっかりとフランス語で挨拶してくる様子からして、どうやら彼らは、昼間訪ねた保護区内にある研究所施設の職員のようだった。僕はほっとして彼らを手招きし、一緒にのまないかと誘ってみた。そうすると、さらに近寄ってきて、にやにや笑って隣に座った。言葉は通じないが、酒の味ならば通じるだろうとラム酒のボトルを差し出すと、うれしそうな顔をして受け取ったので、僕は急に打ち解けたような気がして、酒に国境はないもんなぁ、などと愉快になってきた。

ところが、である。この二人、交互にラッパのみをして、あっという間に封を切ったばかりのラム酒を空にしてしまったのだ。僕はその遠慮のないのみ方が頭にきた。「おい、おめえら、なんだ！　どうすんだよ。もう、酒がなくなっちまったじゃねぇか」と日本語で空の瓶を振りながら怒った。彼らはすぐに何を言ったか分かったらしく、笑いながらも、ちょっと困った顔をした。そして手を出して、買ってくるから金をよこせという。日本でなら、当然次は僕らが御馳走する番となるはずだが、長らく植民地支配を受けて与えられることに慣れてしまった国では、そうはならない。こんな夜ふけに、どこで酒を売っているのかと思ったが、山を越えたところにある、というしぐさをするので、僕が紙幣を数枚渡すと、二人は手を振りながら森のなかへと消えていった。それからずいぶん待っていたが、彼らは一向に戻らず、ようやく騙されたことを知った僕は、なんだかおかしくなって、まだのみ足りないなと思いつつも、バンガローの毛布にくるまって眠ることにした。そもそも、ラム酒など、ちびちびのむものでないのかもしれない。

そして、明け方、激しく扉をたたく音で目が覚めた。堀内君が帰ってきたのかと目をこすりながら玄関の扉を開けると、なんと、さきほどの男たちが泥だらけになってペットボトルを二本提げ、得意げに笑っていた。大きな紙幣を渡したので、お釣りはないのかと気にもなったが、そんなことはどうでもいい。僕は言葉も通じないのに、約束を守ってもらえたことが、ただうれしく、それを受け取って彼らにおやすみを言った。バンガローの部屋のなかで受け取ったペットボトルを懐中電灯で照らしてみると、白濁して、なにかのカスのようなものが浮かんでいる。何の酒かも分からずに興味深く思ってさっそく口に含んでみると、強い焼酎のような味で、少しえぐみがあった。

あとで堀内君にたずねてみると、これは「トーカガシ」という砂糖キビで作るマダガスカルの地酒であるらしい。劣悪で、のむと頭痛を引き起こすこともあると言われたが、もう手元に酒がなくなってしまった僕は、このペットボトルを持ち歩くことにした。その後、かまわずに旅をしながらのみ続けていたが、幸い体調を壊すこともなかった。いろいろとうまい酒があったが、マダガスカルでもっとも記憶に残っているのは、この土着的な酒の味だった。

豚肉と紹興酒

いつだったろう、もうずいぶん前のことにはちがいないが、あるとき吉祥寺のもつ焼き屋で、豚肉と紹興酒の相性の良さに気がついた。それまでは、豚肉を食すにあたって、ビールも日本酒も焼酎も紹興酒も横並びで、とくに紹興酒が一番というふうではなかった。そのときの気分でのみたいものをのんでいた。むしろ紹興酒をのむことは稀で、ちょっと趣向を変えたいときにのむくらいであった。ところがそのとき、カシラだったかレバーだったかの串焼きを、いつものようにむしゃむしゃ食いながらコップの紹興酒を口に含むと、豚モツのなかにひそんでいた旨味が溶け出すように現れ出て絡み合い、恍惚とした味に化けた。あれぇ、どうしてこんな相性にこれまで気づかなかったのだろう。以来、東坡肉《トンポーロー》や腸詰、ゆで豚など、豚肉料理には紹興酒を合わせるようになったが、中国人や台湾人は、ずっと昔から知っていたにちがいないと思うと、なんだかくやしくなった。

それ以来、もつ焼き屋に紹興酒が置いてあると、ビールのあと、この酒ばかりずっとおかわりしつづけている。無いと物足りなさを感じるほどだ。西荻窪の「珍味亭」へ行ったときなどは、大きな塊から切り分けられたモツの小皿をつまみながら、台湾紹興酒を三、四杯のみ、中国紹興酒をまた何杯かのみ、そのあと甘くて薬草の香りのする五加皮酒や強いコーリャン酒をのむ。最近では、家でも豚モツ料理を食すときのために、紹興酒を置いているし、台所で調理するときにも用いるようになった。

長い間紹興酒になじめなかった理由のひとつは、中国料理店などで注文するとザラメが一緒に出てくることだった。グラスに注いだ紹興酒に匙ですくって入れるのだが、のんでいると底に沈んだザラメがだんだん溶けてきて、のみ干す頃には甘ったるい妙な味になる。これが僕はどうも嫌いだったのだ。ザラメを入れてのまなくてもよいと知ったのは、友人に連れられて池ノ上の「光春」という台湾料理店へ行ったときだった。十歳以上年上のその友人はたいへんな酒のみで、僕はずいぶん酒の楽しみ方を教わった。光春では、甕の紹興酒を片口かなんかの器に注いだのが出てきたが、これを蜆の醬油漬けやビーフンなど肴に、みんなでガブガブのんだ。そう、甕の紹興酒の味を知って、僕はこの酒の本当のうまさに開眼したのだ。

その後、僕は映画館で観たチャン・イーモウ監督の『紅いコーリャン』という映画のなかで、大酒のみの主人公が甕からすくったコーリャン酒を丼ぶりのような器で口からこぼして何杯も浴びるようにのむ姿を見て、自分もあんなふうに荒々しく、思う存分中国の酒をのんでみたいと思った。それで、甕入りの中国酒を求めて酒屋に相談に行くと、コーリャン酒の甕はないが、紹興酒の甕があるというので、当時の輸入元であったメルシャンに一甕注文した。毎月、電話を止められ、税金の請求もないほど貧乏だったのに、どこにそんな金があったのか。とにかく、重たい甕の入った段ボール箱が紙風船のようなモルタルの安アパートの二階の部屋へやってきた。

心を落ち着かせながら、段ボール箱を開けたのだが、現れたその姿に手が止まった。黒ずんだ竹の材や皮でぐるぐる巻きにされ、甕の蓋が見えなかったのである。このミイラの包帯のようなものは、一体どうやってはずしたらよいのか……。ナイフで切ろうとしたが、とても無理であった。ノコギリを買いに走り、それを一本一本切っていくと、竹の隙間から見たことのないハ

二〇二三年 伊三夫

サミムシのような黒い虫や、蜘蛛のような赤い奇妙な虫が現れ出て足元を走り、背中がぞくぞくする。きっと蔵で熟成させる間に棲みついたのだろう。その不気味な虫たちを片っ端から靴で踏みつぶしたり、ノコギリの歯でつぶしていく。やがて甕の姿が現れたのだが、そのあと蓋のところを塞いでいる広辞苑ほどの厚みのある硬い石膏の塊をとりのぞかねばならなかった。両手でつかんではずそうとしたが、ぴくりとも動かない。

「がぶのみまでの道のりは、遠いな……」

しばらく途方に暮れていたが、早くのみたい一心で乱暴にもそれを金槌で少しずつ打ち割り、ようやく陶製の蓋が見えた。石膏のかけらが甕のなかに落ちないよう丁寧に雑巾でぬぐって、その蓋をとると、さらに濡れた褐色の大きな葉が幾重にも重ねられ、甕の口を封じているのだった。ほのかな紹興酒の香りをかぎながら、それを一枚一枚はがしていくと、ついに暗い甕のなかに紹興酒の液体が姿を現した。僕は思わずつばをのみこんで、それをお玉ですくい茶碗でひと口のんだのであるが、そのときの感動は忘れられない。

それから毎日、甕から少しずつ空の一升瓶にうつしては、本を見て作った中国料理を肴に、思う存分、浴びるようにのんだ。その頃もし、モツ肉との相性に気づいていれば、毎晩モツを煮たり焼いたりしただろう。一升瓶で十本分以上あったと思う。のみ干して空になった甕は、ながらく家の玄関に置いて、傘立てにしていた。

中野ブリック

コロナが流行して間もない頃、中野のバー「ブリック」が閉店すると聞いて、しばらく呆然として仕事も手につかなかった。ただ、ただ悲しくて、愛する酒場が消えることが、これほどこたえるのかと思い知った。昨年四月に閉店して、もう一年以上経つが、閉店した姿を見るのがつらくて、それ以来一度も中野へは行っていない。

二十代のなかばから三十年の間ずっと、僕にとって中野へ行くということは「ブリック」でのむということであった。木造二階建ての山小屋のような店内には、ランプのようなうす暗い照明が灯り、ジャズがとても似合っていた。階段は歩くとギシギシと音がした。東京大空襲で焼けたという褐色の赤煉瓦でつくられた壁には、山口瞳、開高健、柳原良平らがウィスキー文化普及のために作った『洋酒天国』が額装して飾られ、二階席へ料理を運ぶための小さなエレベータが備えつけられていた。

最初は、いつものごとく会社帰りに酒場を探して歩いていて、時代がかった建築に惹かれて入り口の扉をあけた。まだ収入も少ない頃で、もしかしたら高い店かもしれないと心配したが、渡されたメニューを見てその安さに驚いた。トリスのハイボール、一杯二百円。僕はすぐさま、この店が何でもばかばかしく高値のついたバブルに翻弄されることなく時代をくぐりぬけてきたのだと悟った。そして、映画を見て憧れていた小津安二郎監督の『彼岸花』に登場する、バー「ルナ」のような店だなとうれしくなった。

通いはじめてしばらくの間、蝶ネクタイに白いバーコート姿のマスターの菊池さんは決して一階の常連席に座らせてくれなかった。

「こっち、座ってもいいですか」

何度か一階の席を指して聞いたことがあったが、聞こえていないかのように「お二階へどうぞ」と、ぴしっと階段のほうへ向けて右手をのばした。三年ほど経ったある日、入り口の扉をあけて店に入るなり、「こちらへどうぞ」と一階席のカウンターに案内されたときは、ようやく客と認めてもらえたことがうれしく、僕はうろたえて、体がふわふわ宙に浮くようであった。

しかし若かったから、僕はほかの常連客たちのようにカウンター席に座っても、グラスに注がれた酒をまえに、ひとり落ち着いてバーのひと時を愉しむというようなことができなかった。常連客たちのなかには、本を広げて読む人もいたし、肘をついてちびちびグラスに口をつけ、バーテンダーにひとことふたこと、たとえば競馬レースの話などする人もいたが、そんな姿が店にしっくりとなじんで、実に様になっている。僕はどうやってバーカウンターですごしたらよいのかわからず、あっという間に料理をたいらげてしまい、せわしなく煙草に火をつけては、酒のおかわりを続けているうちに、たちまち酔っぱらった。ただボンヤリと黙ってすごすという簡単なことが、できなかったのだ。通いながら、常連客たちののみ方を自分も身につけたいといつも思っていた。

ウィスキーハイボールのうまさを知ったのも、この店だった。店で使っているのと同じグラスを買い求め、同じ銘柄のウィスキーと炭酸を用いて家でも作るようになった。しかしどこか味が違った。それでバーテンダーにウィスキーの分量をたずねて、グラスの格子の切子模様のここまでと教わり、言われたとおりに作ってみたが、やはり同じ味にはならなかった。でも、それ

は当然のことだった。ハイボールの氷の入れ方や炭酸の注ぎ方、マドラーの使い方などは実に繊細で、素人が簡単に真似ることのできないものなのだ。

「ブリック」には、チーズとトマト入りのスペイン風オムレツやコンビーフのホットサンド、カニクリームコロッケ、揚げシューマイなど、どれもパセリやレモンを添えて彩られ、日本にウィスキー文化が普及した昭和の時代を感じさせるおいしい料理がたくさんあった。なかでも僕が必ず注文したのはマカロニサラダ。くたくたのやわらかいマカロニとハムの組み合わせが絶品だった。こちらも家で真似て作ってみたが、なかなかあの味にならなかった。ずいぶんいろいろなマカロニを試していたが、あるとき、茹で時間を表示より三倍くらい長くしてみて、やっと近い味になった。

長く通ううちに、すっかり舌が料理の味を記憶している。先日、一度も行ったことがないと嘆く若い友人がいたので、僕の家で「ブリック」を再現してあげようと家に招いて、いくつか料理を作った。よくボトルキープしていたウィスキーでハイボールを作り、ジャズをかけてのんでみたが、当然ながら本物とはちがい、かえって懐かしさがこみあげてきて落ち込むことになった。

好ましい景色

ずいぶん昔の話だが、ロンドンであるパブに入ったときのこと、可愛らしい女の子が、着ていたダッフルコートを丸椅子にかぶせ、そのうえに座ってビールをのんでいるのが目にとまった。コートといえば壁に掛けるか、店の人にあずけるものだと思っていた僕は、その自由な感じをとても素敵に思った。小説家の開高健のエッセイで、イギリスではフィッシュアンドチップスを肴にビールをのむのだと読んで、なりふりかまわない旅行者として色々な店を食べ歩いていたのだが、あのように気安くこの場にとけ込んでのみたくなった。

それで、まずは床屋へ行くことにした。旅先の床屋で髪を切るのは僕の趣味。床屋へ行くと地元に住む人の日常の空気が感じられ、自然と街が身近に思えてくる。ところが、たまたま入った店がそうだったのか、はじめから終わりまでまったくハサミを使わず、実に軽快にバリカンだけで庭木のように刈り上げられ、パイナップルの葉のように、頭のてっぺんにわずかに寒々しく髪の毛が残る妙な髪型にされた。これは思い描いていたオーソドックスなロンドン青年の髪型とはずいぶん違った。まるでパンクロックミュージシャンのようで、パブの扉をあけただけでパンクにかぶれた外国人と警戒されるであろう。床屋の兄さんに、俺はセックス・ピストルズが好きだが、お前も好きか、などと余計なことをたずねたのが災いしたのかもしれない。思わぬ挫折を味わったが、帰国後、その女の子の真似をして、酒場で外套を丸椅子にかぶせて得意げにのんでいた。思うに僕はのんでいるとき、酒を味わうことよりも、好ましい景色のなかにいたいと妄想しつづけているのかもしれない。

酒がうまそうな景色といえば、たとえば身近なところでいうと、真冬に練炭炬燵に足を入れ、独りにやにやと徳利を傾けて燗酒をのんでいた祖父の姿や、プロ野球のナイター中継を見ながら、自分で作ったお茶でうれしそうに麦焼酎を割って漬物でのむ父の姿などが思い浮かぶ。なんとも平凡な日常の景色であるが、この幸せな晩酌世界は簡単にできたものではない。一見、当

二〇二二年
伊三夫

たり前とも思えるが、実は長い歳月をかけて酒と向き合うなかで、余計な気負いなどの角がとれて生まれた貴い景色なのだ。見ていると自分もそこに身を置いて、なごやかに酒をのみたくなる。

小津安二郎監督の映画のなかにも、好きな景色がある。『彼岸花』という作品のなかで、結婚式の帰りになじみの料理屋に立ち寄った佐分利信ら三人の同級生たちが座敷で盃を傾ける場面。

「昔から一姫二太郎って言うね。あらぁつまりなにかな。新婚当時は男のほうが盛んだっていうやつかね」

「そうだね」

「するとおまえんとこはおかしいじゃないか。二人とも男の子っていうのは、どういうんだい」

「それは女房に聞いてもらいたいね。俺は案外見かけ倒しなんだ」

気の置けない仲間たちと、馬鹿馬鹿しい話などして、笑いながらのむほど愉快な酒はないだろう。こんな酒がのめた日は、酒のまわり具合も理想的で、宿酔いもない。もうひとつ小津映画では、『秋刀魚の味』のなかで笠智衆が加東大介に連れられてトリスバーへ行き、ウィスキーをのむ場面というのもあった。「寅さん」を観ると、みんな寅さんのような歩き方になって映画館から出てくるというが、僕の場合、小津映画を観たあとは、佐分利信や笠智衆になりきっている。

画家、山口薫のウィスキーののみ方もいい。美術評論家の宇佐見英治によると、山口はアトリエでグラスに注いだ安物のウィスキーを一気にのむと、急須から小さな茶碗に煎茶をそそいでのみほしていたという。客が来たときも山口は話の間じゅう、そうやって双方を注ぎ続けた。

山口の絵には、たしかに、心に秘めていた詩魂が酒の酔いによって表出したような魅力がある。没後刊行された画集の片隅に、山口はこんな言葉を残している。

「アル中でも仕事をしつづけて
死んだと云はれればよい
仕事のために身を亡ぼすか」

僕は敬愛する画家の、しんと静まりかえったアトリエの小卓に、ウィスキーのボトルや急須、茶碗などが置かれている景色を思い浮かべ、そんなふうにしてのむウィスキーはどんな味がするものだろうと興味深く思った。そもそも、ウィスキーに緑茶のチェイサーなど聞いたことがない。宇佐見は自分の文章に山口の絵の魅惑が表れ出るかもしれないと、原稿の執筆中に真似てのんでみたと書いている。それを読んで僕も、アトリエでアラジンストーヴに薬缶をかけ、一人ウィスキーをのんで渋い茶をすすった。そうしていると、そんなわけもないのに、ふと自分が山口になったように錯覚するのだった。これもまた、僕が好きな酒の景色のひとつで、ときどき絵に行き詰まることがあるとやっている。

寝おきの酒

目がさめて厠へ行き、時計をみるとまだ夜中の三時だった。もうひと眠りしようと床に入って目をつむったが、うまい具合に寝つけない。体を横にしたり、瞑想するように深く呼吸をしたりしてみたが、だめである。まだ眠り足りないのに、やらねばならない仕事のことなど思い出して頭がさえてくる。それでもまぁ、眠れるだろうとしばらく目をつむっていたのだが、柱時計が朝四時半の鐘を打って、とうとうおきることにした。おそらく昼ごろになると寝不足でつらくなるだろう。

窓の外を眺めると、どうやら晴れているらしく、庭木のむこうの空に細い月が浮かんで、星がまたたいていた。まるで僕を待っていたかのようだなと思った。ボンヤリしたまま椅子に腰かけて、ゆうべの赤ワインが、ほとんど口をつけないままコップに残っているのを見つけた。ゆうべ、のんでいるうちに、うつらうつら眠ってしまったのだ。缶からチョコレートビスケットをひとつとり出して、それを肴にのんでみる。

なんだか、この感じは以前にも体験したことがあるぞと記憶をたどってみる。あれは初めてパリへ行った日の朝、時差ボケで頭に膜がかかり、体がどんよりしているときだった。僕は早朝、ホテルのすぐそばにあったカフェへ行ってワインをのんだのだ。寝不足の体と酸味のある味が、そんな懐かしいことを思い出させる。

ワインをのんだら、体がほぐれて眠たくなるかもしれないと、ひそかに期待していた。ところが反対に、ますます頭がさえて、妙な元気がでてきた。おかわりをして、このままのみ続けることにするか。そうも思ったが、それでは一日棒にふってしまう。思い直して、台所にコーヒーを淹れにいく。一杯のワインがいいかんじでまわってきたのだろうか、寝不足も忘れて、コーヒーが落ちるのを待つ間、首や腰をまわして体操などはじめる。

そのうちに、さきほどのパリの記憶から連なって、昔、ある画家が言った言葉を思い出した。その画家は、絵の制作に行き詰まると、パリにでかけていくと言っていた。きっと日本なんかよりずっと街並みも美しいし、美術館へ行けば憧れの画家たちの本物の絵も観られるし、絵の栄養をとってくるという意味なのであろう。そういえば敬愛する小出楢重も随筆のなかで、パリという街には奈良漬の樽のような作用があり、よほど絵が下手な人間でも、しばらく住んでいると、それなりにいい感じの絵が描けるようになるというようなことを書いていた。僕はそれを読んで、なるほど、ますます街の景観がつまらなくなっていく日本で、修行僧のように堪え忍んで描くよりは、あちらで美しい景色に囲まれてのびのび描くほうがいい画家になれるのではないかと、何かあせりのようなものを感じた。しかし、一方で、かといって日本を捨て、パリに暮らすのもどうかと考えた。日本に戻ってきたときの落胆する気持ちがおそろしい。それに、パリに行ったら、うまい鮨をつまんで酒をのんだり、そば屋で板わさを肴に一杯なんていうのもできなくなる。なにより、草履などひっかけて銭湯へ行き、もつ焼き屋で焼酎がのめなくなるのが淋しい。パリの街並みも画家たちも大変好きだが、そんなことを我慢していると絵など描けないだろう。僕は、日本でのむ酒がなにより好きなのである。パリの景色をとるか、銭湯と酒場をとるか……。お前は画家として、どう生きようとしているのか。

でもまぁ、そう深刻に考えて白黒つけたところで何になる。もつ焼きの煙のなかで酔っぱらって、遠くパリの街に憧れているくらいがちょうどよいかもしれない。たまに遊びにいこう。ボンジュール、パリ！　馬鹿だね……。

朝の一杯のワインから、つらつらとそんなことを考えているうち、もう眠るのをあきらめて、ひとまず自分をアトリエに連れていった。

列車酒の愉しみ

内田百閒の随筆集『安房列車』には、用事もなく、ただ列車に乗りたいから遠くまで旅をしたという話がいくつも書かれている。僕は二十代のなかばに初めて読み、その豊かな遊び心に感心して、またたく間に百閒先生の虜になった。先生の顔写真を床屋に持っていって、自分も同じように髪をバリカンで薄く刈りあげ、ぺしゃりと八二に分けて、ポマードをぬっていたほどである。今思い返せば、何のプレイだったかという気もしないでもないが、とにかく憧れていたのだ。

列車といえば、僕も寝台特急が好きで、東京と郷里の小倉を往復するのによく利用していた。もっぱら二段式や三段式の二等寝台で、食堂車へ行ってビールをのむのがなによりの愉しみだった。いつしかその食堂車がなくなって淋しく思っていたが、百閒先生を知ってからは、先生を真似て魔法瓶に熱燗を詰め、いつもより上等の弁当を買い、コムパアトメントに乗るようになった。二等寝台では共同の洗面所を利用しなければならなかったが、こちらは専用の洗面所も付いている。なにより、車掌が切符をたしかめるのに、扉をノックして恭しくやってくるのが気分がよかった。勤め先では、ペーペーの平社員だったから、なおさらである。列車が東京駅を出発するとき、「ヒマラヤ山系君」のような付き人や、ホームで見送ってくれる人たちがいないことが、少々物足りなくもあった。が、それでも午後七時、浴衣に着替えて、テーブルに弁当をひろげ、まだ勤め帰りの人たちがホームにあふれているのを横目に酒をのみはじめるのは、格別の旅立ちだった。いよいよ列車が東京駅を出発して、横浜、小田原、熱海と駅を通過していき、酔っぱらってベッドで横になっていると、時折、遠くから踏切の鐘の音が近づいては耳の傍を走り去っていった。いつしかうとうとと眠りにつくと、翌朝オルゴールの音がして、車掌の朝の車内放送で目を覚ます。そのころは広島あたりを走っていて、窓のすぐ前には瀬戸内の海が広がり、漁船が漁をしている。もうこんなところまで来たのか、とおだやかな海に浮かぶ小島を数えていると、そのうち名物のあなご弁当を売りにやってくるのだが、これがまたうまかった。

その後、下関駅で関門トンネルをくぐるのに機関車を付けかえる間、またホームで天ぷらうどんを食った。まだ、食っても食っても腹が減った頃の、懐かしい思い出である。ああ、どなたか、あの寝台特急を復活させてくださらないだろうか。

寝台特急はなくなってしまったが、いまも旅に出るというと、列車を利用する。酒をのみながら、なにやらぼんやり想いにふけって、ただ車窓の景色を眺めている時間が好きなのだ。降りることがおしくなって、目的地を通り過ぎて終点で下車して夜更けに宿を探したことも幾度かあった。日頃、アトリエにこもってじっと動かないカンバスと向き合ってばかりいるせいか、眼前の景色が次々と移ろうという、ただそれだけのことがやけに心地よい。

列車の旅では酒をのむ愉しみが欠かせない。崎陽軒のシウマイ弁当や東京駅のチキン弁当など買って、冷たいビールをあけるときのうれしさといったらない。新しくできたばかりの北海道新幹線の函館北斗駅で、鰊みがき弁当という、鰊の棒煮と数の子が贅沢に詰まった弁当を買ったときなどは、青森駅に到着するまで、ビールが足りるだろうかと心配した。駅弁当もいいが、旅に出る前に、わざわざ近所のスーパーで買ったつまみや、家で焼いた卵焼き、竹輪、ソーセージなどをにぎりめしと一緒に新聞紙にくるんだ自前の弁当を持っていくのも、遠足気分が高まって楽しい。つい先月は、ゆで卵とプロセスチーズを弁当箱に詰めて、九州から東京へ向かう新幹線に乗った。持参した塩をちょびちょび付けて、フランスパンにサニーレタスと一緒にはさみ、駅で買ったばかりの冷たい缶ビールをのんだが、これも実にうまかった。いつも弁当に手をつける前に、ひとしきりナッツやチーズなどでのむのだが、このとき、ちょっとしたおつまみ用の皿が欲しくなる。買ってきたおつまみをビニール袋に入ったまま、ぎこちなく人差し指と親指をつっこんでつまんでいると、どうも落ち着かないのだ。それで、車中でおばあちゃんが作るような簡単な折り紙皿を折って、そこにミックスナッツだのチータラだの数種類のつまみをばらばらと入れてつまむ。これだけでちょっとした列車酒場の風情が漂うのがうれしい。作り方をカバー折り返しに記しておきます。

塩
二〇二二年 伊三夫

絵本の取材のために、
福岡県の糸島半島の海
岸に建つ製塩所を訪ね
た。波の音をききなが
ら画想を練るつもりだ
ったが、スキットルの
ウィスキーをのむうち
に、ただ酔っぱらった。

船上の酒

五月、博多の「はこしま」という店で個展をすることになって、久しぶりに船で酒をのんだ。大阪南港から新門司港へ行く名門大洋フェリー。陸地を離れて、海のうえでのむ酒というのは、他では味わえない解放感がある。出航すれば携帯電話も通じなくなって日常から切り離され、やわらかな揺れのなかで船底からトントントントンというエンジンの振動だけが伝わってくる。乗船前にすでに新幹線の車中でのみ、大阪の新梅田食道街にも立ち寄ってのんでいたから、すでに体がふわふわして心地よかった。乗船後はいわば仕上げの酒で、船内の大浴場にゆっくりつかってごろごろしてからのもうと思っていた。時間はかかるが、体をのばして横になり、一晩かけて九州まで行くというこの船旅が僕は好きなのだ。飛行機や新幹線ですぐに着いてしまっては、もったいない。この日、十九時五十分出航のフェリーを予約していたが、港の受付へ行くと一本前の十七時の便にぎりぎり間に合う時刻だった。翌朝五時半新門司港到着で、少し早いが、明るいうちに港を出て、夕暮れどきの瀬戸内海を眺めるのもよいだろうと、便を変更してそれに乗船することにした。

大阪から九州まで五千円ほどで行くことのできるこのフェリーには、貧乏旅行の学生や長距離トラックの運転手、年金生活のお年寄り、若い家族など様々な人たちが乗船してくる。到着まで十二時間、急いだところで仕方がないという風情で、弁当を広げて食べていたり、寝転んで本を読んでいたりする景色を見るのが好きで、いつもは雑魚寝の二等船室を予約する。しかし、この日は九州に到着してから個展会場で壁画を制作する予定があって、道中その画想を練ろうと、船首近くの個室を予約した。

出航すると、船は、灯台が立つ防波堤に囲まれた港湾から、ゆっくりと瀬戸内海へ出ていく。やがて、海のむこうに神戸の街が見えてくると、ああ、船の旅がはじまったなという感じがする。背後の山は六甲山だろうか。船内にはバイキング形式のレストランがあるが、そこへは行かず、部屋でのんびりのむために、東京駅の駅弁屋で「国技館やきとり」や「いかめし」、それから、さきほどのんだ新梅田食道街の「松葉」で、持ち帰りに串揚げを包んでもらっていた。それを楽しみに、まずは浴衣に着がえて、スリッパを履いて大浴場へと向かう。浴槽がふたつ、お湯がわずかにゆられて湯気をあげ、乗船客たちが髭を剃ったり、子供の体を洗ってやったりしている。湯につかって大きな窓から海を眺めていると明石海峡大橋が近づいてきた。立ち上がって見上げていると、船はゆっくりとその下をくぐっていった。

お風呂から出て、売店で冷えたビールを三本ばかり買って部屋に戻る。船上でも、地上と同じく湯上がりのビールは緊急である。国技館やきとりの紙箱を、ゴムをとって開けるのももどかしく、缶ビールを部屋の湯呑み茶碗に注いでのむ。ああっ、うまい。今年で五十八歳。年をとるほどに、ビールのため息がだんだん大きくなっていくように思う。これでよし。冷たく固まった竹串の甘辛い鶏肉を肴にのみはじめた。持ち帰りの松葉の串揚げにもたっぷりソースをかけたが、冷たいものばかり口に入れている。熱い汁などすすりたくなってきて、こんなこともあるだろうとカバンに詰めてきたカップ麺に湯を注ぐ。こういうときのカップ麺というのは、実にありがたい。表示された時間より一分ほど早く蓋をあけ、箸ですくうとバネのようなカタ麺がうまそうに現れた。具は、まだ湯が十分しみていないが、かまわない。これはスナックだ。

ウィスキーをのんで、翌朝も早いことだし、そろそろ寝るかなと思っていたときに、船内放送で瀬戸大橋にさしかかると知らされ、服を着替えて甲板に出てみる。巨大な煙突の傍らに立ち、潮風に髪の毛をばさばさなびかせて、腕を組んで前方を眺めると、夜の闇に光の玉が美しい吊り橋の形に連なっていた。そこを細長い明かりを灯した電車が渡っていく。橋のたもとの、チカチカ明かりを灯しているところが倉敷の街だろう。そんなことを想いながら、フェリーと伴走する貨物船の舷灯が、暗い海を照らすのをしばらく眺めていた。

翌朝、新門司港へ到着すると、まっ先に小倉の旦過市場へと向かう。二週間ほど前に大きな火災があって、隣接する新旦過という横丁がほぼ全焼してしまったのである。ここには、いきつけの酒場が何軒かあり、本当は見たくなかったのだが、そうもいかない。鉄筋の建物だった「丸和前ラーメン」がかろうじて残っていた。もともと屋台であったこの店で、大鍋のおでんを肴にレモンサワーをのむのが、郷里の小倉でのなによりの愉しみである。夕方の開店を待って友人とのみに行ってみると、女将さんが、火が出た夜中の二時すぎ、たまたま消防団のお客が店にいて、おでんの大鍋をもってでてくれたと話していた。そのあとは、酒房「武蔵」、バー「BIGVEN」というおきまりの流れである。

さて、のんでばかりでなかなかたどり着かなかったが、数日後、個展がはじまった。その初日に、画廊主の尾畑圭祐君にさそわれて行った屋台の「花山」も、ジャズバーの「レノン」も、実にいい店だった。

函館

七月、函館に音楽家のハルカナカムラ君を訪ねた。ハルカ君は二十歳ほど年下で、彼が函館へ引っ越す前は、東京でときどき一緒にのんでいた。のみ友達だが、そもそも僕は彼の音楽のファンでもある。青森からフェリーで津軽海峡を渡り、函館港の埠頭に到着すると、ハルカ君が待っていた。

「いやぁ、どーも、ハルカ君」

挨拶すると、

「いやいや、まんず、まんず（ドウモ、ドウモ）」

と彼の故郷の青森弁が返ってきた。

さて、まずは風呂だ。僕らは、いつも酒をのむ前に風呂へ行くのだ。函館駅前の安ホテルに荷を置き、路面電車の終点の町にある谷地頭温泉へと向かった。函館山の東側のこの温泉公衆浴場があるあたりまで来ると、海岸のそばに小さな民家が並び、どこかひっそりとした空気が漂っている。

ハルカ君はこの温泉が好きで、毎日のように通っているらしい。中へ入ると、広々とした浴室に湯船が三つばかりあって黄土色の湯が渾々と湧いている。水風呂と露天風呂もある。湯客たちがヴァカンスチェアで眠ったり、湯船のそばに横たわっているのだが、そのまったりとくつろいだ雰囲気にのまれていく。

「こりゃ、すげえな……」

日常から切り離されたまほろばのような光景に圧倒されていると、ハルカ君がどうですか、とちょっと得意気に笑いかけてきた。実に、いい湯だ。それから松風町という函館駅前の繁華街へ酒をのみに行く。ビルが取り壊されて空き地が目立つが、ここはかつては相当なにぎわいであったにちがいない。菊水小路という、北島三郎の「函館の女」が流れてきそうな懐かしい酒場通りの角に、昔ながらの一杯のみ屋の風情を残す「鳥辰」というやきとり屋がある。カウンター席が七つか八つ、こぢんまりとして実にいい感じだ。年をとるほど、このような酒場を恋しいと思う。ハルカ君はもうすっかりおなじみの様子で、団扇をぱたぱたやって炭をおこしている大将に東京から来たお客を紹介した。

炭酸と焼酎の瓶をもらい、レモンを搾り入れて、レモンハイで乾杯をする。ああ、うまい。この湯上がりの一杯目に、つい深いため息がでて、はしゃぐようにメニューを見て注文する。濃いめのタレで焼いた鶏レバー、珍しいカレー味の串焼きなど、焼きあがると店の人が一本一本焼き場から持ってきて皿の上に置いてくれる。いつしか焼酎の瓶が空になり、店を出る頃にはすっかりできあがり、二人肩を組んで歌をうたっていた。

朝四時に起きて、函館まで電車と船の十時間の旅。いつもなら、このあとはバーで一杯のんで、ホテルのベッドに転がり込むだけだ。しかし、実は、隣にポパイ編集部の榎本君が、東京からはるばるカメラマンとライターを引き連れてこの旅に同行していた。この旅は、『POPEYE』のお酒特集の取材も兼ねていたのである。誌面にできるだけたくさんの情報をのせるのが好きな彼が、「もうこれで、おしまいですか」とあきれた顔をしている。

「よし、もう一軒行こう」

眠気を振り捨てて、居酒屋「山吹」へと向かう。この店は、『今宵も酒場部』というのみ歩きの本を共著した鴨井岳君がすすめてくれた店。鴨井君は函館

に住んでいたから、地元の酒場に詳しい。ごちゃごちゃとした路地裏に、ぽつんと明かりを灯す店で、まず観光客などが来ることはないと思われた。入ると、薄暗い天井から干し魚が何本も吊り下げられて、いかにも港町函館の哀愁が漂っている。

「ウニが木箱ごと出てくるんだが、ウニの個体差を味わってのむのがいい」

と鴨井君が言っていたので注文すると、本当に木箱ごと出てきた。こんな贅沢な食べ方をしたのははじめてである。いやはや、熱燗にウニというのは、たまらない。なんだか調子が出てきて、毛ガニとホッケも注文する。

「うまいね、ハルカ君」

「う〜む。まんず、まんず」

盃をカチリと合わせて、酒を口に放り入れた。やがて、もうこのへんで終わろうとしたところで、榎本君が、そろそろバーへ行きましょうかと声をかけてくる。が、眠たくて仕方がない。

「バーは、明日にしよう」

そう言って立ち上がろうとしたら、今度は大将が

「ちょっと待てェ、イカ食ってけ」

と言う。それでまた座り直してのんだ。このイカはうまかった。しかし、後の記憶はない。

翌日。

「津軽海峡を見下ろす灯台で、僕が絵を描いて、君はギターを弾くんだ」

「一緒にトラピスト修道院へ行ってみましょう」

ハルカ君と僕は、函館でそんなふうにすごして、音楽家と画家の交友を深めるつもりだったが、榎本君たちの取材のことが気になって、それどころではない。よし、こうなったら倒れるまでのんでやろう。榎本君に行きたい店のリストを伝え、昼間からのんでまわろうと、ひとまず昨日の谷地頭温泉へ前夜の酒をぬきにいった。それから、お昼にみんなで「阿さ利」という老舗のすき焼き屋へ行って、座敷で牛なべを囲む。ここは本当は夜行きたい店だったが、夜は居酒屋へ行かねばならない。すき焼きといえば、肉が甘く煮つまるのが好きではないのだが、この店では、中居さんが、箸でぐつぐつだしが煮えている鍋にしゃぶしゃぶのように牛肉をさっとくぐらせ、椀にとってくれるのだ。あっさりとして、辛口の燗酒にも合う。燗酒がちょっとくどいなと思ったところでのむ冷えたビールのほろ苦さが、たまらない。そのあと、また酒を注文してのんでいると、このまま腰を据えてのみたくなる。が、いかん、いかん。このあと、寿司屋、居酒屋、バーへと、夜中までのみ続けなければならないのだ。あと十二時間。いや、もっと長いお酒になるか。尻を座布団から引きはがし、夏の日差しがふりそそぐ通りへ出ると、路面電車がガタンゴトンと音をたてて通り過ぎていった。

マッコルリ

七月の朝、山陰の土井ヶ浜に泳ぎに行く。子供の頃から、もう五十年来、この浜の白い砂浜と、エメラルドグリーンにかがやく透明で遠浅の海の美しさは変わらない。到着すると、すぐに海水パンツに着がえて、とびこんだ。高校時代、水泳部で鍛えた泳ぎはかなりおとろえているが、やはりこうやって大自然のなかで泳ぐのは気持ちがいい。海から頭を出すと風にのって松林から蟬の声がきこえてくる。大の字になって仰向けに浮かんで太陽を体じゅうに浴びていると、海底の砂が波にゆれてサリサリと音をたてるのもきこえ、しばらく目をつむって聴いていた。

ひと泳ぎすると、日差しが強くなって、腹もへってきたので陸にあがった。海の家でシャワーを借りてビーチマットを洗い、芝生の上の椅子にかけて干した。そのあとビーチマットをはたこうと手にとったとき、指先にチクリと激しい痛みがはしり、アシナガバチが飛び去っていくのが見えた。水滴をのもうと裏側にとまっていたのだ。あわてて何度も指に唇をあてて毒を吸い出したが、その後一週間ばかり腫れ、絵筆をもつのも痛かった。

さて、夏といえば焼き肉である。暑さでばて気味の体に焼き肉は、実にありがたい。羊肉に赤唐辛子をまぶして焼いたトルコのシャシュルィーク、牛肉を甘めのたれに漬け込んで焼く、ハワイのテリビーフ、そして韓国風のいわゆる焼き肉。表面をこんがりと焼いた肉というのは、どうしてこうもうまいのか。もう、どんな嫌なことがあっても瞬時に忘れられるくらい、うまい。炎の熱でおでこに汗をかいて焼いた肉にくらいつきながら、冷たいビールやレモンハイなどのむのは、いかにも夏らしくていい。しかし実は、僕は、酒をのむよりも、めしを食べながら焼き肉を食べるほうが圧倒的に好きだ。竈の薪でたいた、めし粒がたっているような、かための白いめしに焼いた肉をのせて、にんにくたっぷりのタレでめしを染めながらほおばるときの快楽といったらない。ハワイでプレートランチのテリビーフを食ったときなど、マカロニサラダとの相性のよさに感動して、アメリカンサイズの大盛りなのに、おかわりをしたほどだ。しかし、酒のみの僕は、しらふのまま満腹になってしまっては面白くないのだ。だから、その快楽を我慢して酒をのむ。こんな消極的な酒は他にないだろう。

この夏、僕が関わっている郷里の北九州市の情報誌で焼き肉特集をやることになり、市内の焼き肉店を食べ歩いた。四日で三十軒以上、もちろんほかのスタッフと分担してのことだが、昼も夜も、これほど焼き肉ばかり食べたのははじめてのことだった。店を出て通りを歩くと、夏空と電柱までが燻されているようだった。

ひとくちに焼き肉店といっても、店の壁が煙で燻され、場末感漂う安価な店から、最新式の煙を吸い込む換気口付きのコンロを備え、個室で高級肉を食べさせる店まで、実にさまざまである。僕は、ゴムホースのついた白いホーローの四角いコンロが卓上に置かれ、プラスティックの品書きがベニヤの壁に並ぶような、昔ながらの店が好みである。おじいさんと、おばあさんと二人でやっている小さな店であれば、なおうれしい。うまく言えないが、せわしない感じがなく、少しずつのんびりと肉が焼ける気がする。さらにわがままなことをいうと、めしは銀シャリの白めしよりも、麦めしのほうがいい。それからキムチよりも沢庵と白菜漬けの盛り合わせ、ワカメの牛スープよりは、豆腐と葱のみそ汁がいい。

もうずいぶん前のことだが、旅行作家の山下マヌーさんのガイドブックの挿絵を描くために、一緒にソウルを旅したことがあった。はじめての韓国で焼き肉店へ入って意外だったことは、肉よりも生野菜をたくさん食べることだった。サンチュ、エゴマの葉、レタスなど、数種類の葉を重ねたところに焼いた肉をひとかけのせ、青唐辛子、にんにくなどの薬味のスライスと一緒に巻く。タレや、塩ゴマ油など好みの味で食べるのだが、実に健康的な食べ方だと思った。それからもうひとつ、会社帰りのサラリーマンたちが、町の食堂でサムギョプサルを焼きながら一杯やっている光景も印象的だった。卓上ガスコンロの片方に赤煉瓦をのせて鉄板を斜めに傾け、小さく切った豚バラ肉のよけいな脂を流し落とす。それを、割り箸でつまんでは、うまそうにのんでいた。焼酎の眞露の水割りにきゅうりの薄切りを浮かべた珍しい酒もあった。この焼酎（ソジュ）をビール（メッチュ）で割ったのを「ソメ」というらしい。そして生マッコリ。度数は六度。日本酒の半分以下で、ゆるやかに酔う。注文すると店の人がボトルをまわしてうわずみと澱を混ぜ合わせ、どぼどぼとコップについでくれる。そのままのんでもうまいが、韓国人のガイドがビールや焼酎を加えてのむのもいいというので、言われるままにやって、このの み方がすっかり好きになった。

北九州で焼き肉屋をめぐったときもマッコリの樽をもらって、こうしてのんだ。ピーマンとキャベツを別皿でもらって、バリバリかじりながら、肉を焼いてはのんでいたが、酔いに合わせて、度数や味を変えて自由にのめるのも、ありがたい。ビールも焼酎も受け入れるこの酒は、おおらかで、懐が深いなと思う。ある店で、「マッコリ」を「マッコルリ」とメニューに表記しているのを見つけ、茶碗からぐびっとのんでは、舌を丸めて「マッコルリィ」と舌鼓を打った。

二〇二三年 伊三夫

家の近くには農家の無人販売所がいくつもある。散歩の途中にのぞき、
とれたてのフキノトウや野蕗、ギンナンなど買って晩酌の肴を作るのが、
日々のささやかな愉しみ。

湯呑みのウィスキーハイボール

夏休みに郷里の小倉でごろごろしていると、老母がどこか温泉へ連れていってくれという。八十三で、自分ではもう遠出をすることができないから、たまに帰ってくる息子と旅に出るのを楽しみにしているのだ。別府か雲仙あたりはどうかと考えていたが、久しぶりに山口へ行ってみたくなって、長門湯本の原田屋を予約する。妻と子も一緒なので、広めの部屋である。ギシギシと音のする階段や、昭和の頃のタイルを敷き詰めた浴室など、昔の温泉宿の風情を残すこの旅館には、以前にも何度か泊まったことがあった。浴室の傍に小さな卓球室があるのも、うれしい。

いつも思うが、ごちゃごちゃとした小倉の街から関門海峡を渡って山口へ行くと、がらりとかわって山と海だけののどかな景色がひろがり、海を渡ってきたという感じがする。ときに、その関門海峡に四本の海底トンネルがあることは、あまり知られていない。在来線と新幹線の鉄道用、自動車用、それと、歩いて通るトンネルである。この歩いて通るトンネルのまんなかあたりには、山口と福岡の県境の線が引いてあって、なんということもないが、またぐと、ちょっとした感動がある。東京の友だちなどが遊びにやってきて自動車でトンネルをくぐるときは、「水族館みたいにトンネルの天井がガラス張りになっていて、そこから海を泳ぐ魚や行き来する船の船底が見えるんだよ」と教えてやる。が、もちろん、これは冗談で、ただ暗い穴に電灯が灯っているだけである。

関門海峡の見どころは、なんといっても、外国からやってきた大型貨物船を間近で見物できることである。こういう場所は、国内ではここだけだろう。関門橋がかけられている場所は、本州と九州がもっとも接近していて、対岸から叫ぶと声がきこえるほど海が狭くなっている。ここは潮の流れも激しく、流れに逆らって走る船は、全速力でエンジンをまわしているのにほとんど止まっているように見える。反対方向に進む船は、まるで魔法でもかけたかのように、すーっと走っていく。

今回は橋を渡って下関へ入り、母がおひるにうどんを食べたいというので、店を探しながら一般道を走った。気安い食堂のような店でもあればと車を走らせていると、下関駅から少し行ったところで、白い暖簾に「うどん、ぜんざい」と筆書きした、いかにもうまそうな小さな店をみつけた。山口のうどんは、つゆが透明で、麺は細くコシがない。天ぷらうどんを注文すると、殻のまま揚げた小海老入りの、煎餅のように薄いかき揚げが丼からはみ出したのを、おばさんがお盆にのせて運んできた。そのうどんの熱いつゆが、前夜に深酒した胃袋にしみわたった。まったく、熱々のうどんつゆというのは、酒のみにはありがたい。

なぜ温泉旅行などするかというと、気分をかえて酒をのむためである。毎晩、母と酒をのんでいると、お互いになんとなくたいくつになってくる。母は、若いときはまったく酒を口にしなかったが、四十を過ぎたころからよくのむようになった。コップ酒でも、ワインでも、なんでもこいである。八十を過ぎると度数の低いのがいいらしく、氷を入れてうすめてのんでいるが、晩酌は欠かすことがない。「酒は、たのしくのまなくてはなりません」といつも言っていた大酒のみだった祖父の血をひいているのだろう。たまに酔っぱらってうるさいこともあるが、陽気でいい酒だ。

午後三時、宿に到着すると、玄関先の橋の上から川面をにらんで釣り糸をたらしている男がいた。しばらく見ているとキラキラ光る魚を釣り上げたが、針が口ではなく腹にささっている。竿から糸にオモリをつけてたらし、大きな針で鮎をひっかけていたのだ。こういう釣りは、はじめてみた。

宿で荷をといて一息つくと、ビールをのみたいと思う。が、ビールだけではおもしろくない。温泉町の片隅にある酒屋へ行くと、ラベルが日に焼けたようなサントリーの角瓶が棚に並んでいたので、炭酸とエイヒレなどのつまみと一緒に買ってくる。そして帳場で冷たい缶ビールと氷をもらった。さて、準備完了。浴衣に着がえ、茶櫃から湯呑み茶碗をとり出してのみはじめると、母が、「ああ、おいしいね」と舌鼓を打って、僕の顔をのぞきこんだ。にわかに孝行息子になった気分である。こうやって旅館で浴衣を着てくつろぎ、湯呑み茶碗に氷を浮かべてのむウィスキーが、僕は実に好きだ。

ちょうど甲子園のベスト8の試合をやっていたのでテレビをつけてみた。チェンジのときに大声援が止むと、開け放った窓の外から蟬の声がきこえてくる。これぞ、夏休みである。あとはもう、晩めしを食うほか、なにもすることはない。宿の湯は、ぬるめだから少し酔ってつかっても大丈夫だろう。

お湯にいかないかと母をさそってみると、車疲れしたのだろう、にやにや笑って畳の上に横になった。そして、座布団を二つ折りにしたのを枕に、すやすやと寝息をたてはじめた。

上野へ

まだ夏の暑さが残る晩秋のある日、思いたって上野に一週間ばかりホテルを予約して出かけた。いつもは日帰りで遊びに行くような場所だが、のんびりと絵を描いたり、酒をのんだりして過ごしてみようと思ったのだ。上野へは、ときどき展覧会や演奏会などがあって出かけることはある。けれど、そのあと終電を気にしながら酒をのむのは、どうにも落ち着かないものだ。そこで暮らしているような気分を少しでも味わってみたい。

郷里の九州から上京して四十年になるが、東京人かと聞かれると、いまだに首をかしげてしまう。なんとなく、いつまでも旅人であると感じて、東京生活をしている自分をふと根無し草のようだと虚しく思うことがある。それは、もしかしたら昔ながらの東京の暮らしが残る下町の生活を知らないからかもしれない。信州あたりの山の温泉へでも行くように、トランクに画材やら着がえを詰め、旅をするような気持ちで出かけてみる。

宿泊先は、御徒町の吉池というホテル。歩いてすぐのところに朝六時からやっている燕湯という銭湯がある。なにしろ街を身近に感じるには銭湯が一番だ。ここで朝湯につかって、毎朝、不忍池の弁天様におまいりをして、ぶらぶらと上野や浅草界隈を歩いてまわろうと思っていた。

到着の翌日、石鹸とタオルをもって朝湯へ行くと、ちょうど前月、風呂場の絵を新しくしたばかりで、背景絵師の中島盛夫さんの富士と桜のぴかぴかとまぶしいペンキ画がむかえてくれた。

不忍池へ行くと空が大きくひらけて、思わず深呼吸をする。かつて江戸幕府が琵琶湖にみたてたこの池が、人工のものではなく、自然にできた池だと知ったのは最近のことだ。不忍池の弁天様には、敬愛する画家、長谷川利行の碑があって、行くと必ず手を合わせる。ここは上野駅の駅舎にある猪熊弦一郎の壁画と併せて、大好きな場所である。自分と同じく地方出身の画家が東京の街中にこうして碑や絵を残していることに、ほっとする。東京は絵描きにとって寛容な街だなとよく思う。湖畔に画架をたててカンバスに群生する蓮の景色を描いていると、外国人観光客たちが立ち止まり、背後からのぞいて何やら話していく。なかには、目の前にやってきて、「ヴェリーナイス！」などと笑って眼を合わそうとするのもいる。相手にする心のゆとりはないし、なんだか見世物になったみたいで居心地が悪い。

ずいぶん集中して描いたから、陽が傾く頃にはぐっと疲れていた。もう酒をのんでもよかろう。画具を片付け、湯島の「岩手屋本店」へ向かった。実はもう、絵を描いていたときから、ここで一杯やることばかり考えていた。銘酒、酔仙の杉樽が置いてあるのは、全国でここだけ。酒蔵のある陸前高田へ行っても杉樽はないらしい。店主自ら吉野杉で作った樽にわざわざ詰めているのだ。氷頭なますと湯豆腐をもらってゆっくりとのみはじめたが、酔って電車に乗らなくてよいと思うと、ますます酒がうまくなる。

その翌々日、ある雑誌のためにライターの大竹聡さんと浅草橋の「むつみ屋」で酒場談義をすることになっていた。上野から浅草橋まで日暮れた道を歩いてみることにしたが、土地勘がない。しかしスカイツリーがあるほうが隅田川だから、それを左手に見ながら歩いていけば着くはずである。いざとなればタクシーを使えばいい。そう思って歩きはじめたとき、日暮れた通りに「東作」という手作りの釣竿店を見つけた。店のなかには艶やかな塗りをほどこした竹製の釣竿が並んでいて、その美しさにみとれていたら、いつのまにか店に入っていた。釣りなどもうしばらくやっていないが、手にとって店主と話をするうちに、どうにもほしくなってきて、つい高価なヘラ竿を一本買ってしまう。旅の気分がこんなことをさせたか。

　店を出て、その長い竿を肩にかつぎ、ぽつりぽつりと暗がりに外灯が灯る通りを歩いていく。このあたりは、大通りから一本筋へ入るとひっそりとして、どこか懐かしい雰囲気が漂う。昔の東京の家並みがそのまま残っているのだ。もしかすると、家々ではまだダイヤル式の黒電話で、足踏みミシンが置かれているのではなかろうか、などと妄想をする。

　途中、一度だけ交番で道をたずねたが、無事、浅草橋へたどり着く。「むつみ屋」は串カツ、桜刺、ちょい焼きたらこなんかを出す昔ながらの東京の酒場だが、ずいぶん前に大竹さんに教わって気に入り、よく通うようになった。その頃、大竹さんはこの近所に仕事仲間たちと事務所を借りて『酒とつまみ』というミニコミ誌を作っていた。大竹さんとは、一緒に雑誌の取材に行ったり、単行本の装丁をさせてもらったりの二十五年来の付き合いで、会えばかならず酒になる。ひとつ年上の大竹さんは酔うといつも口癖のように、

「俺は小説を書く」と言う。それを聞くと、僕も画家としてしっかりやっていかなきゃならないなと思う。

まぐろのぬたをつまんだ大竹さんが、「この味、東京のこっちのほうにこないと、ないんだよね」とぽつりと言った。たしかに、そうだ。洗練されてあっさりとした味は、東京郊外の酒場にはないように思う。三鷹生まれの大竹さんは、僕よりもずっと下町と郊外との違いに敏感だが、それにしても、よくこんなことに気が付いてぱっと言葉にできるものだ。

僕は買ってきた釣竿を布袋からとり出して、三節ほど継いでみせた。全部継いで伸ばすと、店の奥まで届いて、そこでのんでいるお客が釣れそうである。酒場談義を終え、また釣竿をかついで、わずかに身につけた土地勘をたよりに、夜道をホテルのある御徒町まで歩いた。その途中、高架の上をいつも乗って帰る総武線の電車がまぶしく走り去っていくのが見えて、手をふる。

郷里の酒場

高校を卒業後に、大学進学のために上京したから、二十代までは郷里の北九州の酒場をまったく知らなかった。帰省してのみに出ても、面白くない。それに、はるばる東京の友人が遊びに来たときなども酒場を案内できず、じれったかった。自分が生まれ育った街とはいえ、足繁く通いたくなるような酒場を探すとなると、なかなかすぐには見つからない。そういう店は、繁華街の、ちょっと怪しげな雑居ビルのなかにあったり、路地裏の朽ちた建物の一角にひっそりとあったりするので、入るのに勇気がいる。しかし、いま思い返してみると、それ以前に、まだ若くて本当の酒場のよさというものを知らず、鼻もきかなかったからではないかと思う。

そんなふうであったが、地元に田口順二という中学で美術を教えている小学校時代からの悪友がいて、こいつがいい酒場をよく知っていた。彼が教員仲間とのみに行くという店は、とても自分では扉を開けられないような小倉の雑居ビルの地下にある古いバーや、洞海湾のそばで酒場街の闇にひっそりと佇む、戦後に進駐軍の将校クラブでシェーカーを振っていたという老バーテンダーがやっている小さなバーなど、いかにも僕が好きそうな店だった。田口はどこへ行ってもすっかりおなじみで、相当通っている様子であった。酒場の好みの合う友人というものは、なんともありがたいものである。他にも、角打ちややきとり屋など、帰省のたびに田口とのんでまわっていたが、十七年ばかり前から、僕は北九州市が発行する『雲のうえ』という街の情報誌を作る仕事をするようになり、東京に住むデザイナーや編集者、ライター、カメラマンなどと毎回一週間ほど一緒に滞在している。はるばる北九州までやってきて、取材のあとみんなが期待することは、やはり、うまいものを食べて、いい酒をのみたいということで、晩ごはんのときは、自然、いい酒場を探してまわるようにもなった。

北九州市は、七つの区からなる人口百万人ほどの工業都市。各区に魅力的な繁華街があり、製鉄所の溶鉱炉の炎を一晩中消さないために夜勤をした人が、毎朝帰宅途中に安く一杯のむための角打ちが多く存在する。地元に「角打ち文化研究所」なる、角打ち屋をのんでまわる会まである。それがこの街の特徴なので、この情報誌の創刊号では「角打ち」の特集をすることになったのだが、自治体の発行する情報誌が創刊号で角打ちの特集をしたことは全国的にちょっとした話題となった。もちろん酒場専門の情報誌ではないから、その後は産業や文化、市場、自然などの特集を組んだが、折りにふれて、夜の街、やきとり屋、鮨屋などの特集もやった。いつしかすっかり酒場に詳しくなり、いまでは出張などで北九州に来る友人たちから夜の店を教えてほしいと聞かれて、手製の酒場地図を送れるようにまでなった。案内する酒場はどこも自分好みの片寄った趣味の店ばかりだが、東京でのむときも酒場の好みが似ている人たちだから、たいがい喜んでもらえる。

僕は古くからあって街にとけ込み、安くてずっと通いたくなるような気安い店が好きだ。北九州市には、そんな店が多くある。昨年、火災で一部が焼けた旦過市場の入り口には「丸和前ラーメン」という屋台があって、営業を続けている。ここは、両手をひろげてもかかえきれないほどの大鍋におでんが仕込まれていて、客たちはラーメンを食べる前に、それを肴にのむ。もう僕が物心ついた頃からある屋台だ。ここへ腰かけて、コップ酒をのんで夜風にあたっていると、ああ、小倉に帰ってきたのだなと、しみじみ郷愁がこみあげてくるのである。

工業都市のイメージが強いので、あまり知られていないが、実は魚がうまい街でもある。そこらへんの居酒屋に入っても、近海で獲れたアジやサバ、マグロ、ブリ、サワラ、メバル、カサゴ、ヒラメ、フグ、アラ（クエ）、甲イカや赤イカ、タコ、渡りガニ、カキなどが出てきて、いずれも上等で安い。対馬海流が流れる深海の玄海灘、潮の流れの早い関門海峡、干潟のある豊前海という個性の異なる三つの海に囲まれた半島の街は、実に魚種が豊富で、鮨屋やスーパーの魚売場へ行くと、それがよくわかる。

よく行く店のひとつに、「武蔵」という老舗の居酒屋があって、ここは僕の父も通った店。開店すると、一階のカウンター席はあっという間に満席となる。この店の焼酎は、あらかじめ水で割られたのが徳利で出てくる。これを氷入りのグラスに注ぎ、千切りのキャベツを添えた串カツにウスターソースをどぼどぼとかけたのを肴にのむ。酒の熱燗はチロリで出てきて、ちびちび升にのせられたコップに注いでのむが、魚や馬肉の刺身、じんだ煮というサバをぬかで炊いた郷土料理などの肴によく合う。そして、僕がひそかに愛しているのが、納豆。この店の大粒の納豆はやたらとうまいのだ。卵をぬいてもらい、そのままかきまぜずにつまんで肴にする。小倉に行くことがあったら、ぜひ行ってみてほしい。

もっと書きたいが、お国自慢もこのへんで。お酒は、頃合い。

函館に住む音楽家のハルカナカムラ君と室蘭へ酒を飲みに行く。初めて行ったこの街で気になる店をみつけ、さて、入るべきかどうかと迷ったあげくとび込んでみる。結果は当たり。こうして冒険した夜の酒は、ひときわ盛りあがる。

mio bar EST!
EST
EST
EST

酒に弱くなった

五十七歳という年齢になって、最近、めっきり酒に弱くなったように思う。酔っぱらって記憶をなくしたり、眠りこけたりすることが多くなった。酒に弱くなるというのは、つまり酒にだらしなくなるということである。体力が低下してアルコールの処理能力が衰えているのというのに、のむ量を減らさないから自然とそうなってしまうのだ。こういう自分の姿を客観的にみて悲しいと思う一方で、ますます酒が愉しくなるのだから、まったくどうにもならない。

家でのむときは、いつも床にあぐらをかき、隣に一升瓶を置いてのみはじめる。そのうちいい気分になってくると、床にごろんと横になりたくなってくる。そして、いつしか二つ折りにした座布団を枕に鼾をかいて寝ている。以前は妻に起こされ、パジャマに着替えて寝室へ寝にいっていたが、最近は起こしても目をさまさなくなったそうで、そのまま毛布などかけて放置されるようになった。明け方目をさますと、硬い床の上なので腰や肩が痛いし、眠りも浅い。それで何をしてもかまわないから起こしてもらえないかとお願いしたところ、両足首をつかんで持ち上げ、大きくぶらんぶらんゆらしながら「起きなさーい」と叫んで、リヤカーを引っ張るように床の上をひきずるのである。眠らないときは、食事のあと片付けを手伝ったりもするが、たいがい、このようなことになるので、まったくもって申し訳ない。数日前は、鍋をやったあと、落花生などつまみながらウィスキーをのんでいたのだが、体があたたまったところに、ひや酒がまわって気持ちよくなり、そのまま即身仏のように眠りこけてしまった。このような場合、前後左右にくねくね体を揺らして眠っているらしく、ふとした拍子に目を覚まし、顔をしかめながらおもむろに落花生を一粒つまんでウィスキーをひとくち、ふたくちのんだかと思うと、また眠るのを繰り返しているらしい。見かねた妻に、

「そんなに眠りに抵抗する意味ある?」

などと言われて、はっとする。いつまでも酒を終わらせまいとする自分に失笑して、パジャマに着替えるのである。

家で酔っぱらって寝るのは、まぁせいぜいこんなところであるが、電車に乗って出かけた先で寝てしまうとひどいことになる。ついこのあいだ、九州から来たお客が、東京の酒場でのんでみたいというので、家から一時間ほど離れたところにある浅草橋の「むつみ屋」へ案内した。弁天湯でひと風呂あびて、串カツやマグロのぶつ、桜刺など注文してのみはじめると、お客たちは東京出張の旅情が高まったらしく、しきりに喜んでいた。僕もうれしくて、いきおいよくのみはじめた。お客の一人はホッピーというものをのんだことがないというので、一杯作ってあげ、おかわりをするときは、こうやって空のコップを持ち上げて「ナカ、おかわり」と言うんだよ、などと親切に教えてあげた。愉快であった。だんだん声も大きくなっていたにちがいない。あんまりお客たちが喜ぶので、他にも東京にはいい酒場があるんだ、などとつい得意になって湯島にあるなじみの「岩手屋」までタクシーを飛ばした。居酒屋のはしごなど普段は絶対にやらないが、遠方からのお客だったし、自分も久しぶりでつい羽目をはずしてしまったのだ。

岩手屋に到着したときは、完全にできあがっていたと思う。何を注文したかも覚えておらず、思い返してみて、店のご主人に失礼はなかったかとひやひやするばかりである。しかし、さらに我々はその後バー「琥珀」へと仕上げの洋酒をのみに行った。たしかニコラシカを注文したはずだが、味の記憶がない。カウンターで眠りこけていたのであろう。一緒にのんでいた仲間から翌日、御徒町で別れぎわに元気に手を振っていたと聞いたが、そのこともまったく覚えていない。覚えているのは、青梅線の昭島駅で目が覚めて、駅員に折り返しの電車がもうないと言われた後のことである。客待ちのタクシーに家までいくらかかるのかたずね、六千円と言われて、それならばと通りの向こうに明かりを灯したホテルに泊まることにした。ところがふらふら歩いていくと、あいにくの満室。他にホテルもなさそうで、ついにあきらめて駅に戻り、くやしまぎれにエレベーターのそばで冷たい石の床の狭い空間にカバンを枕に寝て始発を待つことにした。ところが目をつぶってすぐ、向こうのほうからシャッターが下りていく音が聞こえてきた。こんな場所に閉じ込められてはたまらない。とび起きて外に出て、儚い抵抗も虚しくタクシーに乗せてもらうことにした。なんとも情けない自分に腹がたちつつも、さして反省もせず、次からは酒場の近くにホテルをとっておこう、などと思うのだから、これも困ったものである。

二〇二一年 伊三夫

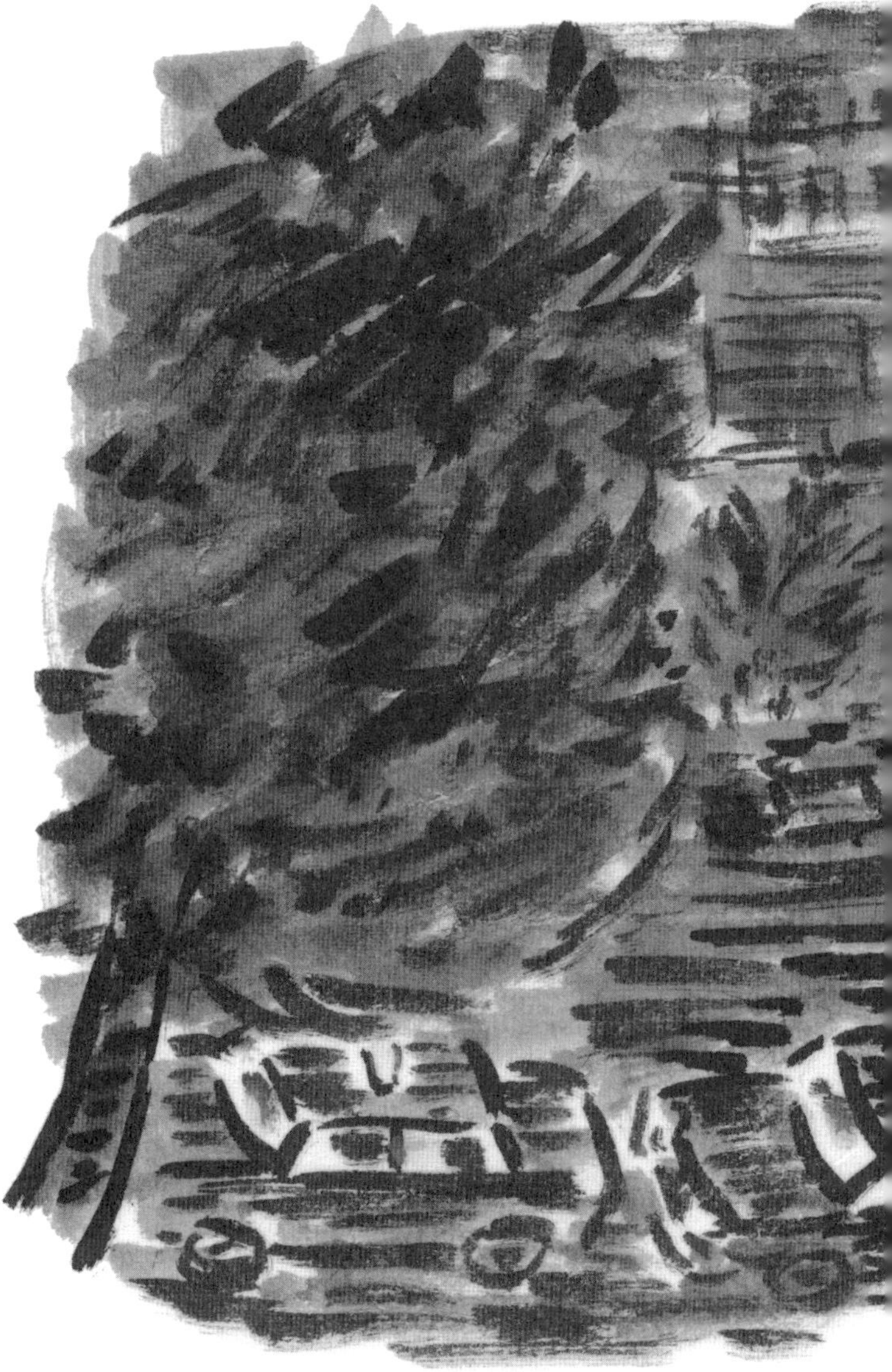

魚焼きグリル

本格的なガスオーブンが欲しいと思いながら、ガス台の下の引き出し式の魚焼きグリルで代用しているうちに八年が過ぎた。ちょっとしたおやつや酒の肴など作るのにはこれで十分間に合っている。火加減と焼く時間をどうしたらよいか、料理によって迷うが、何度か同じものを作るうちに勘所もわかってくる。焼くときに油が飛び散ったり、脂煙があがって換気扇をよごしたりしないのもありがたい。

グリルのなかでサバの皮にほんのり焦げ目がついて、飾り庖丁を入れたところが白くめくれあがって焼けていたり、イワシのはらわたがはじけてジュウジュウいっているときのうれしさといったら、ない。とり出して音をさせてレモンを搾り、添えた大根おろしごと醬油をまわしがけて食うのだ。脂が焼け焦げた香りのする魚というのは、なぜこうもうまいのか。もう原始の頃からかわらぬことであろう。

魚のほかにパンや野菜、肉なども調理するので、毎晩取り外してぴかぴかに洗って朝まで干しておく。この頃は、朝起きて珈琲を淹れながら餡トーストを作って食べる。食パンを最弱火にして焼き、うっすらと焼き色がついたところで一度引き出し、バターをひとかけ落としてまた少し焼く。そのあと溶けてやわらかくなったバターをナイフでまんべんなくのばし、餡こをぬって食べるのだ。

以前、タイマーをかけずに食パンを焼いてまっ黒く焦がしてしまったことがあった。もう焦げ目をガリガリ落としても食べられないほどである。それで少々ヤケになって、よーし、もっと徹底的に焼いてみようと、そのまま強火のグリルに入れると、炎が上がった。「おお、食パンが燃えている」。興奮気味に見ていると炎がぱっと消え、しまいにグリルの網の上に食パンの形をした炭ができあがった。つまり「炭焼き」というのはグリルと同じ原理なのだろうか。それはまるで食パンの化石のように美しく、しばらくアトリエに飾って眺めていた。

サラミやベーコンなどの肉、それに玉ねぎ、ピーマンなどの野菜を食パンにのせて、とろけるチーズをかぶせ、オリーブ油とケチャップをべべっとかけて焼けば簡単なピザトーストができる。もちろんブラックオリーブやオイルサーディンなど加えてさらに本格的に味を追求するのもいい。なんでもかまわないが、タバスコだけは欠かせない。ちょっと手をかけてベシャメルソースを作り、パリのカフェーでおなじみのクロックムッシュやクロックマダムを焼いてみるのも愉快である。洋酒に合う手軽なバジルトーストというのもある。こちらは食パンにオリーブ油を落として乾燥バジルと塩をふりかけて焼くだけである。まったく自由自在であるが、トーストのときの火加減は最小がよい。

僕は叉焼なんかもこれで焼くのだが、最近はスペインのバルでよく出てくるアヒージョなんかも作る。小さな陶器にたっぷりと上質のオリーブ油をそそいで、にんにくとタカノツメ、それから、しょっぱくなるほどの天然塩を入れる。そこに海老やカキ、じゃがいも、キノコなど好みの具材を放り入れてグラタンを焼くように器ごとグリルで焼くのである。先日、砂肝に細かく刻んだセロリの葉とタイムを混ぜ入れたのを作ってみたが、これもうまかった。火加減は中弱火くらいであろうか。とり出すとき便利なので、僕は島根県の湯町窯の「エッグベーカー」という取っ手付きの陶器を用いている。食べるときに魚介などの味のしみたオリーブ油に、ちぎったフランスパンをつけたのを肴に酒をのむのが、またうまい。もっとおおすすめは、酒と塩、コショウで焼く手羽中の開き。開き方がミソなので図解しておこう。こちらも中弱火で、皮をカリッと焼きあげるのがコツである。

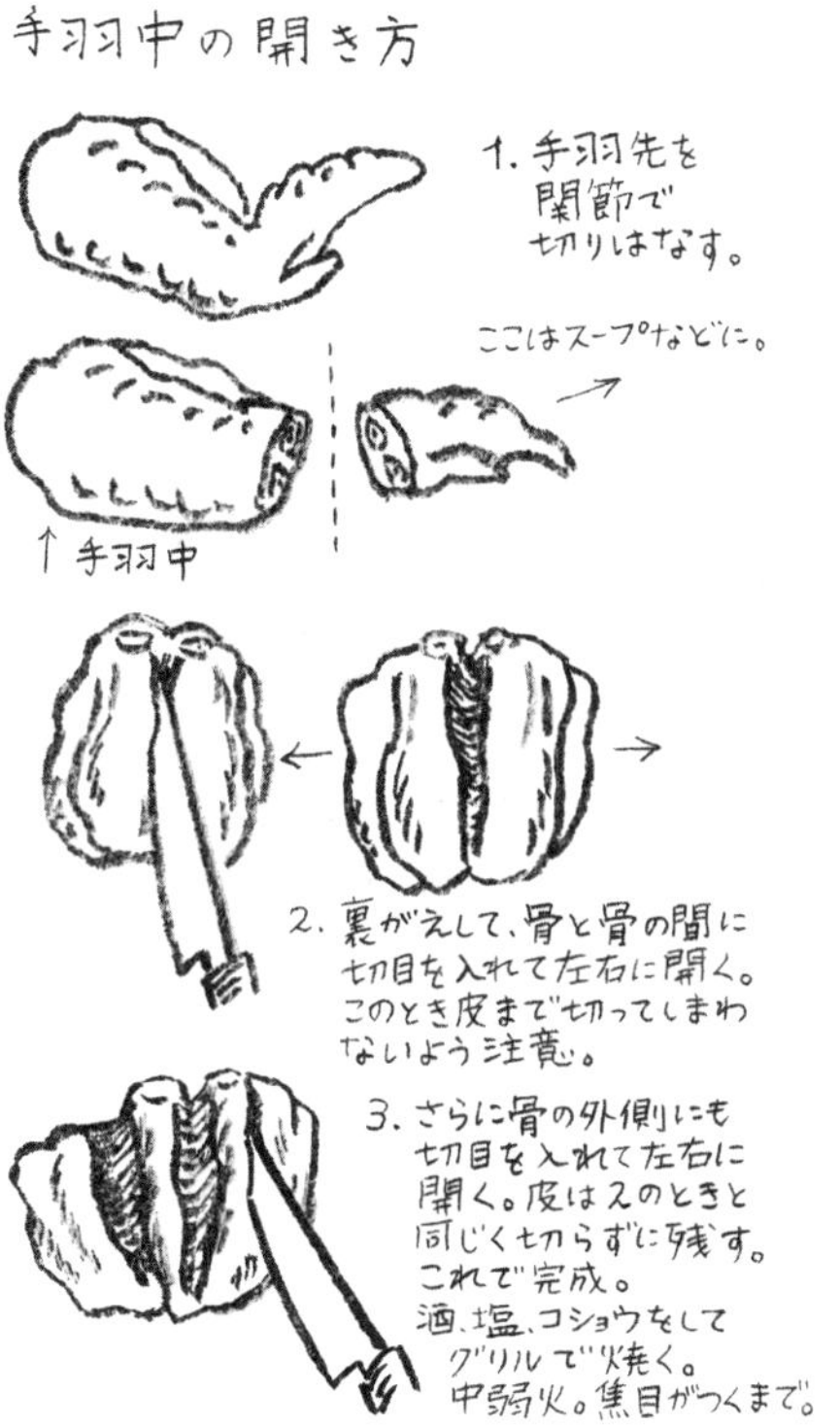
手羽中の開き方
1. 手羽先を関節で切りはなす。
ここはスープなどに。
↑手羽中
2. 裏がえして、骨と骨の間に切目を入れて左右に開く。このとき皮まで切ってしまわないよう注意。
3. さらに骨の外側にも切目を入れて左右に開く。皮はこのときと同じく切らずに残す。これで完成。
酒、塩、コショウをしてグリルで焼く。
中弱火。焦目がつくまで。

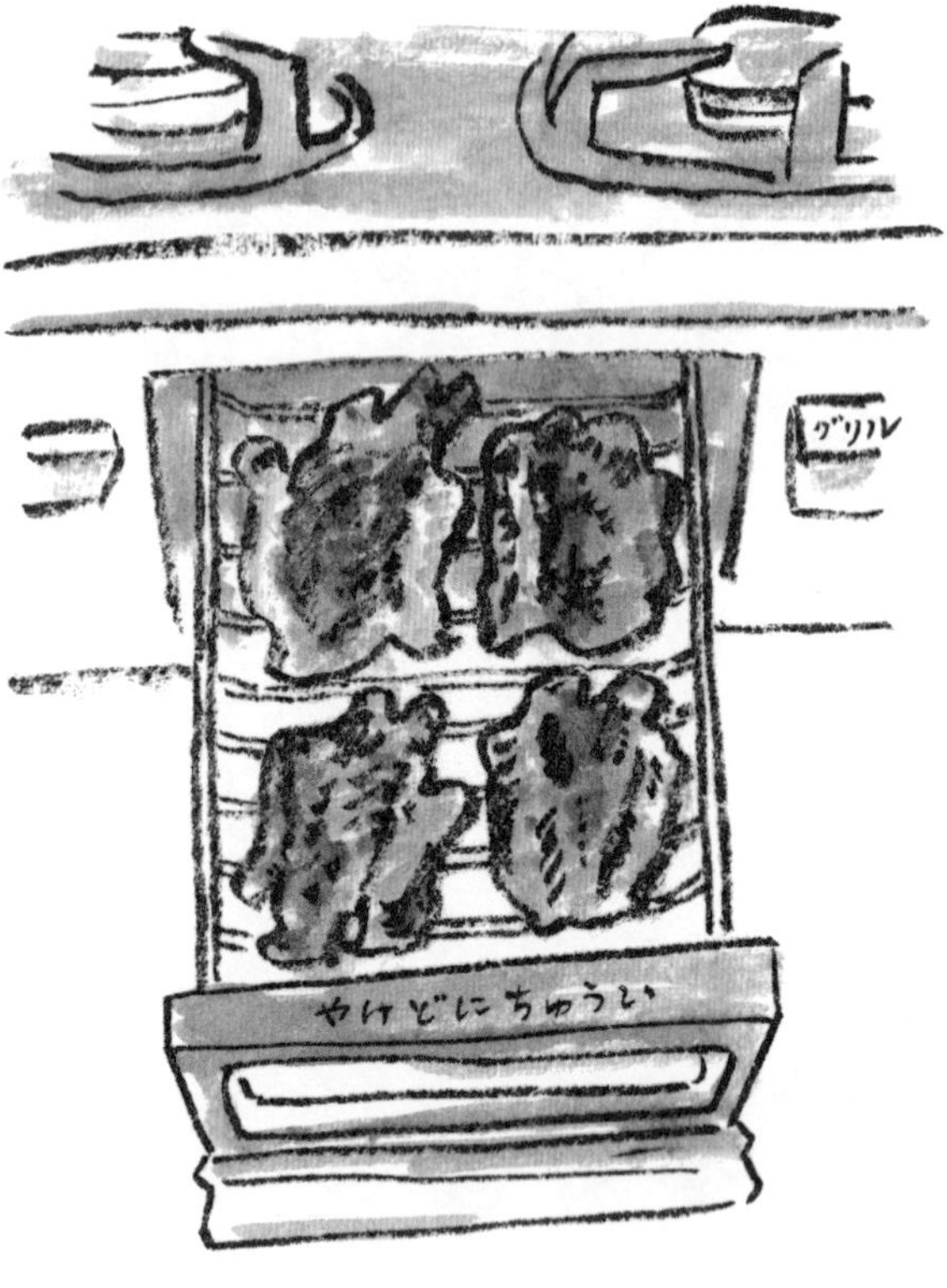
グリル
やけどにちゅうい

登戸

いい酒場を見つけた。いい酒場とは、値段相応の満足度があるとか、とびきりうまい酒肴がそろっているとか、そういうのではない。うまく言葉にできないが、自分にふさわしい佇まいの店というか、そのような感じであろうか。

その日、僕は秦野の音楽ホールで友人の音楽家の演奏を聴いた帰りだった。家から秦野までは電車で二時間あまり。夕暮れがせまる車窓の景色を見て、ふらりと登戸駅で降り、どこかで酒をのむことにした。

登戸でのむのは、はじめてだった。小田急線の改札を出て階段をのぼり、高い場所から街を見おろして繁華街を探していると、ビルのむこうに川の土手があった。多摩川だ。草の緑にかこまれて、水面が夕日に照るのを見ているうちに、近くまで行ってみたくなる。川畔まで歩く途中、缶ビールを買おうかと思ったが、ここはがまんだ。酒場での一杯目がまずくなる。

すすきにおおわれた土手へたどりつくと、空がひろくなった。薄暗がりのなかに、手をにぎりあう男女や、腰をおろしてボンヤリと風にあたっている人たちの姿があって、対岸にチカチカと明かりが灯りはじめている。なんとも、いい景色である。僕もそこへ腰をおろして夏草のにおいをかぐ。遠く、音をひびかせて橋を渡っていく電車の明かりを眺めながら、カバンからノートとボールペンをとり出して夕暮れの景色を一枚描いた。しばらくそうやっていると、酒場が恋しくなってくる。

駅へ戻り、紅灯をもとめて歩きはじめた。すっかり開発がすすみ、駅周辺は巨大なマンションばかりであるが、その隙間に、きっとどこか、小さな酒場が軒を連ねた路地があるにちがいない。想像すると胸が高鳴った。しかし、この日は、いくら歩いてもそういう場所にたどりつかなかった。ビルのなかまでのぞいてまわり、一時間以上歩いただろうか、いつのまにか、隣の向ヶ丘遊園駅まで来てしまっていた。酒はとてものみたいが、どこでもよいというわけではない。どこか、工場帰りの男が、煤けた手で一人コップ酒をあおっているような店はないか。帰宅途中のサラリーマンが腰かけて、はんぺんなどでのんでいる気安い酒場はないか。

やがてすっかり日が暮れて、さすがに歩き疲れてきた。これはもう、お手上げである。あきらめて、立川まで戻ろうとしたとき、「ほろらん」という一軒のラーメン屋を見つけた。古いプラスティック製の庇には、「名物カレーラーメン、餃子」と書かれている。店のなかはまったく見えなかったが、入り口に営業時間が紙にマジックで手書きされ、赤と緑の色テープでたよりなく貼られている。僕はそこに店主の素朴で実直な人柄を見てとった。よし、ここだ、と扉をあけてみると、さえないジャンパーを着た、もさもさ頭の色黒の男が、腫れぼったい目で、酎ハイを持つ手をとめてじろりとこちらを見た。その姿が、古びた壁の日焼けした品書きの景色に見事にとけこんでいる。実にいい。求めていたのは、こういう店だった。

他にお客の姿はない。ラーメンの品書きよりも、塩辛、冷やしトマト、こまい、ギンダラ、たらこ、ハムエッグ、厚揚げなどの酒の肴のほうがはるかに目立っており、ここはラーメン屋から進化した酒場なのだとさとった。厨房に、ご夫婦であろうか、白い割烹着姿のお年寄りが二人。迷うことなくカウンターに腰かけて、ビールと冷奴を注文すると、芋の煮っころがしがお通

二〇二三年 伊三夫

しに出てきた。これがうまい。ひとしきりビールをのんで、高清水をひやでたのむと、ご主人がコップを持ちあげて、「これでいく?」としぐさをした。無言でうなずくと小皿にのせたコップに、一升瓶からそそいでくれる。そのうち、七時をまわった頃、お客が次々とやってきた。人気の店だったのだ。みなさん常連のようで、互いに会釈などして、自分で冷蔵庫までビールをとりに行くのだが、女将さんが、

「あ、左のほうがよく冷えてるよ」

などと声をかけている。そのやりとりに、くつろぐ。きっとみんな他に行き場がないのだ。なんとなく自分と同じような匂いのする男たちにかこまれて酒がますますうまくなっていく。

そろそろこのへんで、と店を出て駅へ向かう。ちょっとバーにでも寄りたい気分で歩いていると、古いビルの階段の下に「APRIL FOOL」というショットバーの看板があった。店内の写真や、メニューが貼りだされているわけでもない。とてもひかえめに出された看板を好ましく思って、うす暗い階段を二階までのぼっていく。少し躊躇しつつ扉をあけると、バーコート姿のバーテンダーと目があった。お客は誰もいない。が、その表情と店の雰囲気に、

すぐさま、いいバーであるとわかる。カウンターにかけ、ジントニックを注文して、しばらくバーボンやシングルモルトなど、いろんな酒を丁寧に並べている棚を眺めていた。やがて出てきたジントニックの、うまかったこと。それをのみながら、マスターと他愛のない話をする。お客は、まだやってこない。おかわりに、おすすめのラムをストレートでもらうと、これもおいしかった。アルコールがたおやかに甘みと混ざりあい、落ち着いた大人の味だ。銘柄をたずねると、ドミニカ共和国の「マッサレルラム」の十五年熟成だと教えてくれる。そのラムを、ゆっくりと舐めていると、すこし前までの絶望感が遠のいていく。いい店にたどりついて、よかった。

はもの天ぷら
自家製コロッケ
オムレツ
いわし
ぶた
二〇二三年 伊三夫

京都の新京極の酒場「京極スタンド」で、隣にいた男女が「クリームソーダハイボール」という聞きなれない酒を注文する。そのストローでのむ酒がどうにも気になって、おじゃまだと思いつつも、つい、「おいしいですか」と聞いてしまう。

平塚のナンコツ

十月のはじめ、個展のために大磯へ行く。会場は駅から歩いてすぐの、「つきやまブックス」という本屋。古い日本家屋を改装した建物で、もともと「月山」という名の料理屋だったらしい。中庭をはさんで向かいに、やはり古い家を改装したいい雰囲気のカフェもある。店主の佐藤一樹君は、地元大磯のご出身。店の営業をしながら、本屋の二階で、グラフィックデザインや活版印刷の仕事もしている。

作品を並べるのは、本屋の奥に建つ、もとは風呂場だったという蔦が絡まった小屋である。絵や木版画などが十五点ばかりあったが、狭いので、上下二段にならべて飾った。

風呂場を床あげして改装したこの小屋は、天井が低く、絵をならべるときに何度も梁に頭をぶつけた。

「佐藤君、ここ、危ないねえ」

「僕も今日、二回ぶつけました」

「いや、そうじゃない。頭上注意とかなんとか、貼り紙をしたほうがいいと思うよ」

　中庭にはテーブルクロスをかけたテーブルが置かれ、大きな金柑の木が木漏れ日を落としている。実に、のどかな光景である。絵を掛け終えて、そこで一服しているときに、小屋の入り口になにか案内がないと、展覧会だとわからないことに気づく。それで半紙に鉛筆で「牧野伊三夫展——十月二十九日まで」と書いて金柑の枝に吊るしておいた。

　ここの本屋とカフェのオーナーである原大祐君は、古くて使わなくなった建物や、人が耕さなくなった田んぼなどを再生させるプロデュースの仕事をしている。その原君から、いまから十年ほど前に、仲間たちと収穫した米で日本酒を造ったからラベルの絵を描いてくれないかという依頼があったことが、今回の個展につながった。

　夕方、原さんと佐藤さんから、いかにも僕が好きそうな店があるから行こうとさそわれる。いかにも僕が好きそうな、というのは、たいがい壁が煙で燻されていたり、傾いていたりする、昔ながらの酒場である。

「いやはや、原君、すっかり僕の好みをお見通しのようですね」

そう言うと、いつもあまり表情のない顔が、いたずらっぽく笑った。平塚駅前にある「仲よし」というやきとり屋らしい。

大磯からひと駅電車に乗って平塚駅前の酒場が軒をつらねる通りを歩く。店に到着すると、原君が「こちらから」と入り口の脇の、うす暗い通路へ入っていった。ついていくと、店の奥の座敷に通じており、戦後の小料理屋にあったような懐かしい卓に、割り箸や小皿が人数分ならべられていた。畳敷きの座敷は、いかにも東京の中心部から離れた田舎の風情である。東海道や中山道などの街道沿いにある古いそば屋など行くと、店内に杉の皮をふいた廂があったり、床の間に木の根っこが飾られてあったり、ぎょうぎょうしい書が掛けてあったりするのをよく見かける。こういうものを見ると、僕はなにか江戸の昔からつづく旅情のようなものを思い浮かべて、懐かしいような気持ちになる。

壁の品書きに目をやっていると、原君が、「ここのナンコツが、うまいんですよ」とすすめてきた。僕は、もつ焼きは大好きだが、どうもあの、パーマ屋のカールのような筒形のナンコツだけは好きではない。肉の生臭みが気になるし、プラスティックのようなポリポリとした食感も、苦手なのである。

「ナンコツだけは、嫌いなんだよ」

そう言うと、あれっ、と一瞬眉をあげて拍子ぬけした顔をしたが、「僕は、ここへはナンコツを食べるために来るんですよ」と、店の主に人数分のナンコツを注文した。嫌いと言っているのに強引な奴だなと少々あきれたが、よほど好きなのだろう。仕方がない。

ビールで乾杯をすると、キャベツときゅうりなどのバリバリする歯ごたえのおしんこが皿に山盛りに出てくる。こういうのがうまいと、ほっとする。やがて、焼きあがったナンコツが出てきたが、これまで僕が見たことのない形と色をしていた。黒々とタレで煮込まれて、筒状のナンコツのなかに東坡《トンポー》肉《ロー》のような、とろとろした肉が詰まっている。原君は、僕にすすめることなくかぶりついた。むしゃむしゃやりながら、ビールをぐびっとやり、「むわっ、たまらねぇ」というような顔をする。それをみて、もしかしたらうまいのかもしれないと、一本もらってみる。あっさりめの甘辛い肉のうまみが絡まって、よほど長い時間煮込んでいるのであろうか、実にやわらかな歯ごたえである。思わず、「うまい」と声をあげると原君が、「ほらねえ、言ったでしょう」という顔をしてビールを注いできた。

ところで、僕は「仲よし」という店名が気になっていた。「仲よし酒場」とか、「仲よし屋」とか、そういうのではなく、ただ「仲よし」。店をきりもりする白い割烹着姿のご高齢のご夫婦に店名の由来をたずねてみる。この名は終戦間もない頃に平塚駅前で屋台から店をはじめた先代夫婦が、とても仲がよく、二人が店舗をもつときにお客さんがつけてくれたものだそうだ。失礼ながらと、ご夫婦のお年をたずねると、女将さんは八十三歳。ご主人はそれより少し年下。店は今年で七十五年目なんだとか。古くて渋い店だが、先代から引き継がれた店主夫婦の仲睦まじさが、空気を明るくしている。よく煮込まれたナンコツと、しゃきしゃきしたあっさり味のおしんこでのむコップ酒は、実によかった。ここでのむためだけに、また、平塚に来たくなる。

ねむいですか

春の午後、神戸の山にある湊山温泉のぬる湯につかっていた。山をくだったところには、元町や三ノ宮の酒場街がある。だが、まだお昼をすこし過ぎたばかりで、酒場の灯はともっていない。もう二時間ばかり、阿呆のように口を半開きにして、ぬる湯のなかでうつらうつらしていた。体がほてってくると水風呂に入るのだが、これがまた気持ちいい。考えていることは、ただひとつ。このあとおいしく酒をのみたいということだけである。意気込んで酒場へまっすぐ向かうのは、なんとなく面白くない。なにかこう、心にゆとりのようなものがほしい。そして最初にのむ一杯目の冷たいビールを、体のすみずみにまでしみわたらせて、頭をうなだれるのだ。ただそれだけのために、山の温泉までやってきた。思うに、お酒がうまいかどうかということは、のみはじめる前に決まっているのではないだろうか。

湊山温泉を出ると、すっかり体も心も軽くなって、そこらへんで啼いている野鳥にも話しかけたくなるほど陽気になっていた。山を下って、三ノ宮の鉄道高架下にある「金盃」という老舗の居酒屋の前で夕方五時の開店を待つ。実は六日前、岡山へ旅する途中、神戸で新幹線を降りてここでのんだ。期待通りの好ましい店だったから、帰りにまた立ち寄ることにしたのである。僕は気に入った店があると何度も行きたくなってしまう。古めかしい店の佇まいといい、壁にかかっている絵といい、実に渋い。それに、気さくな女将さんの人柄にもひかれた。

開店して客席に座り、冷たいサッポロ赤星のビールをもらう。いやはや、この一杯目のうまかったこと。わらじのようなトウモロコシのかき揚げでビールをのみ干すと、ひや酒をたのんで、鯖の「きずし」でゆっくりとのみはじめた。店の壁にかかっているのは、この店の暖簾の文字を描いた画家の手によるもので、ひとつは神戸の港の風景、もうひとつは、漫画風に店で酔っぱらった客を描いてある。ずいぶん異なる画風だ。描いた当時、画家はまだ美大生だったという。女将さんにその画家の名をたずねたが、まだお嫁に来る前の戦後間もない昭和二十六、七年頃のことで、はっきりとわからないという。絵には「Sei Yokoi」「正」というサインが残るだけだが、暖簾も絵も素晴らしく、一体どんな画家だったかと気になる。

そのうちに、連絡していた関西に住む美術同人誌の仲間たちが数名やってくる。僕は、年に二回発行するこの同人誌の発行人をしているのだが、彼らとは、コロナ禍でしばらく会っていなかった。久しぶりの酒というのは、それだけでありがたいものである。いきおいづいて、二軒目、彼らの案内で元町の商店街にある酒場へ行く。まだ桜の頃で夜は冷えこみ、三ノ宮の高架下にひしめく酒場の通りを歩いていると、軒下にコタツを出して酒をのませている店もあった。

どこをどう歩いていったか、やがて扉を開け放った立ちのみにたどり着いた。みんなずいぶんおなじみらしく、店主が顔をほころばせて葡萄酒を五、六本かかえてやってきてソムリエのように説明をはじめた。いい葡萄酒をそろえているらしい。料理は商店街のならびにある持ち帰りの中華の店で買ってくる仕組みだ。フライや餃子などを並べ、葡萄酒でふたたび乾杯をする。こういう気安い酒場で、夜風にあたり、気のおけない仲間とガブガブ葡萄酒などあおるほど愉しいことはない。くだらない話をしてゲラゲラ笑っていたが、何の話をしていたか。そのうちに小豆島に住んでいるという関西の絵かきも混ざってのんだ。そう、神戸の街のすぐそばには、瀬戸内のおだやかな海があるのだ。

そのあとタクシーで山の手にあるバー「ヤナガセ」へと向かう。神戸の夜の最後は、いつもここである。ずいぶんまえに敬愛する切り絵画家の成田一徹さんに教えていただいた店だ。成田さんは神戸の出身で、地元のバーを切り絵にして『酒場の絵本』という画文集を自費出版して評判となった。その後勤めを辞め、上京して全国のバーを訪ね歩き、本格的に切り絵の作品をつくるようになった。成田さんの切り絵作品は、いまも全国の名店に多く飾られているが、これほどバーテンダーたちに愛された画家はいないだろう。

もう十五年ほどたつだろうか、まだご存命のときに、洋酒メーカーの広報誌の取材で成田さんに神戸のバーを案内していただいたことがあった。たしか「皆様食堂」でビールなどのんでから、バーを七軒ばかりハシゴしたが、僕は五軒目あたりで酔いつぶれてカウンターで眠りこけていた。ふと目をさますと、隣で成田さんがのんでいて、そのたびきょろりとした目にうっすらと笑いを浮かべて、「ねむいですか」と僕の顔をのぞき込むのだった。酒場の取材というのは、本当に酒に強くなければいけないと思い知らされた夜だった。

　この日、ヤナガセに到着すると、ほっとしたのか、ふわっと眠気がやって
くる。昼の温泉が効きすぎたか。仲間たちとテーブルを囲んでそれぞれのみ
たい酒を注文し、僕は、たしかオールド・ファッションドにしたと思う。そ
れを、ひとくち、ふたくちのんだあと、ふいに眠りに落ちた。

　どのくらい時間がたったか、友人に揺り起こされて目がさめた。タクシー
を呼んだので、もう帰ろうと言う。僕は鼾をかいていたらしい。紳士のバー、
ヤナガセで鼾はいけませんな。

「ねむいですか」

　どこかでまた、成田さんが苦笑いしていただろう。

二〇二三年　伊三夫

ピクニック

正月を郷里の小倉ですごして、そろそろ東京に戻ろうとした頃、コロナにかかってしばらく床に伏していた。さいわい症状はひどくなく、発症した翌日には熱が下がった。実家のそばのアトリエに布団を敷いて、静かに定められた自宅療養の時間をすごしていたが、酒は口にしたい。

「あのう、お酒はのんでもよいのですか」

通院先の薬局で咳や痰、発熱などを抑える薬を受け取るときにたずねると、「ほどほどに……」とのこと。それで、布団の傍らに一升瓶とウィスキーなど置いて、なんの自慢にもならないことであるが、一日も酒は欠かさなかった。どういうわけか、酒は、なんとなく重く、くどく感じてあまりのみたいと思わず、ウィスキーのストレートがのみたくなった。しかし、そんなことよりなにより、僕は味覚障害の後遺症が残ることが怖かった。毎日、ウィスキーをひとくちのんでは、ちゃんと味がするだろうかとたしかめ、このまま晩酌の愉しみを失うようなことがあったらどうしようと、おびえていた。

発症後八日目には自宅療養期間が終了し、外で仕事や買い物をしてもよいということになっている。この頃になると酒をのみたいという健康な気持ちがずいぶんもどっていた。しかし、まだ体力の回復は十分ではなく、少し動くと疲れてすぐに布団のうえで横になりたくなる。午後、長火鉢のおこした炭火に手をかざし、晩酌の献立など考えてみたが、もうずっと家にこもっているせいか、どうにもぱっとしない。気晴らしに小倉駅前の酒場へ行ってみるかと思ったが、そこまで行くのに電車に三駅乗らねばならないというだけで、疲れそうな予感がしておっくうになる。そもそも、そんなにたくさん酒をのみたいわけではない。料理らしい料理もいらず、ちょっと腰かけて、ぼんやりと一、二杯のめば十分なのだ。こういうとき、酒屋の角打ちでもあればいい。銀紙を巻いたチーズかポテトチップスの小袋なんかつまんで、ビールか缶チューハイなんかのみたい。だが、近所にあった酒屋は全部やめてもうない。大げさだが、絶望という言葉が頭をよぎった。

よーし、こうなったら、一人ピクニックだ。どこか見晴らしのよい場所でも探して路上で一杯やろう。僕は布袋に缶ビールと、セサミクラッカーと、ミックスナッツをひと握り詰めこみ、家をとび出した。自然と足が公園へと向かったが、ふと子供たちが遊んでいるような健全な場所でのむのは気がひけると思い踵を返す。どこか、幼い頃に秘密基地をつくったり、バッタとりをして遊んだ原っぱのような場所がいい。広い空の下で枯野を眺め、懐かしい思い出にでもひたってみようか。小学生時代よく遊んでいたあたりを歩いてうろうろしてまわったが、かつて空き地だった場所はよそよそしい家々が建ち並んでいて、もうそんな景色はどこにもないのだった。自分が思い描く景色など、もう五十年も昔の幻想なのであった。となれば、神社か。昔、蟬などとりに行った、あそこなら大丈夫だろう。神様と乾杯をしよう。

とぼとぼ歩いていると、細い道に駐車場らしき広場があり、そこに腰かけるのにちょうどよい高さのコンクリート塀を見つけた。目の前の日田彦山線の踏切のまわりは広々と眺望がひらけ、むこうに足立山が見渡せた。よし、ここにしよう。足立山と乾杯だ。さっそく缶ビールをあけてのみはじめる。

通った小学校のそばだから、もしかしたら同級生が通りかかるかもしれないが、でも、もう顔を見ても誰だかわからないし、まさかこんなところで同級生が一人ピクニックをしているなどとは思わないだろう。酔っぱらいのおっさんがいると無視するにちがいない。実際、犬の散歩にきた人は、ちらっと見たきり目をあわさずに通りすぎていった。犬のほうは不審者と感じていたのだろう、僕から目をはなさず、いまにも吠えそうであった。そのあとやってきたジョギング中の父親と自転車で伴走する娘も、やはり、見て見ぬふりをして通り過ぎていった。自分ではピクニックのつもりであったが、こんな住宅地の片隅でぼさぼさ無精ひげをはやし、ボロのバケットハットをかぶって缶ビールを手にしている姿はホームレスにしか見えないだろうと思うと、笑いがこみあげてきた。

どう思われても、いい。そのうちにだんだんといい気分になってきたので、足立山に向かって語りかけてみる。

「おい、足立山よ。あの頃、俺はまさか、こんなところで缶ビールなんかのんでお前を眺めるようになるとは、思ってもみなかったよ」

もちろん、足立山は何も答えない。ただ、鉛色の冬の雲が、夕陽に照らされてほんのりと赤らみ、ゆっくりと空を流れているだけである。

やがて、踏切の鐘が鳴って、二両だけのディーゼル列車が筑豊の山のほう

二〇二三年　伊三夫

へ向かって走り去っていく。いやはや、寒くなった。そろそろ家に帰って続きをやるか、と腰をあげて豆腐を買いにいった。

湯治の酒

二月、一週間ばかり妻の実家のある秋田に雪かきの手伝いに行く。実家は県南の雄物川《おものがわ》の上流にあって、冬になると雪が多いことで知られている。軒下に落ちた雪の山をのぼって家の屋根まで上がれるほど、雪が深い。

除雪機で庭の雪をとばす義父の傍らで、僕と妻はスノーダンプで雪を運んで側溝に流すということを何度も何度も繰り返す。氷点下のなかでも三十分ばかりやると体があたたまってうっすらと汗をかいてくるので、ちょっと寒いくらいの薄着でやる。以前、雪のなか、下着一枚で屋根の雪下ろしをしている人を見たこともあった。ひとしきりかき終えても、雪は無情にもまたすぐ積もるから、地元の人たちはよほどの大雪でもないかぎり、毎日、日課として少しずつやる。九州育ちの僕などは、こうやって雪と暮らした経験がないから、はじめの頃は妻の家族にちょっと頑張ったところを見せてやろうと、馬鹿に張り切ってやっていたが、大汗をかいて洗濯物をふやすことになり、かえって迷惑をかけた。しかし、雪景色を見てはしゃぐ気持ちは、はじめて来たときから変わることはない。

道路わきには除雪された雪が人の背丈より高く積まれていて、車で走ると雪の壁が眼前を流れ去ってなかなかのスピード感を味わうことができる。雪景色を描くために眺望を得ようと、その壁によじのぼってみると、上のほうに積もったふかふかの雪に、ずぼっと太もものあたりまで埋まった。それで、長靴で踏み固めて足場をつくり、そこへイーゼルを立てて、吹雪でとばされぬように片手でスケッチブックをつかんで筆をはしらせていたが、眼鏡や服に雪が積もって雪人形になってしまいそうだった。気温は零下で、ぽきんと折れそうなくらい指が凍えて痛かった。しかしこういう逆境のなかで描いていると心に炎が燃えていくような心持になり、ますます画欲が高まっていくのである。誰もいなくて、たまに車がもこもこ雪の上にタイヤを転がす音をさせて通るが、あとは風の音しかしない。僕はただ、「美しいな、きれいだな」と心のなかでつぶやき、眼鏡にふきつけられた雪の隙間から景色を見た。

雪かきに汗を流し、雪のなかで凍えて絵など描いて、何が愉しみであるかといえば、これはもう、酒である。毎日午後三時頃になると、車で公営浴場へ行き、のんびりと温泉につかって休憩場の広間で昼寝をする。そのあと食材を買いに行き、家での晩酌の支度にとりかかる。僕は義母の作る昔ながらの秋田の家庭料理の味が大好きで、これを肴に酒をのむのが、秋田での酒のなによりの楽しみである。こちらでは「だだみ」と呼ばれる真鱈の白子を、昆布を敷いた鍋で豆腐や葱と一緒に、少し甘めの濃い醬油をおとして煮る。

極寒のなかで根をつけたまま貯蔵された淡い色の葱はとろりとして甘く、白子の旨味と実にいい按配に絡み合う。県南の三関《みつせき》は、きりたんぽ鍋に用いる細く根をのばしたセリの産地で、このセリがまたうまい。鶏肉や里芋、こんにゃくなどを煮た「芋の子汁」に浮かべたり、茹でて油揚げや糸こんにゃくと和え物にしたりする。こういう素朴な家庭料理は、ずっと昔から家々に伝わってきた、いわゆるおばあちゃんの味。酒場でおぼえた味を再現したり、本を見て作ったりする僕のにわか料理とはまったく次元がちがう。めしのおかずにも、酒にも合う。素朴でやかましく主張するところがなく、懐の深い、毎日食べても飽きない味である。寒いから、ビールはただ家の廊下に置いておくだけで冷えている。スーパーには地元の酒蔵「両関」がまぶしいほど、

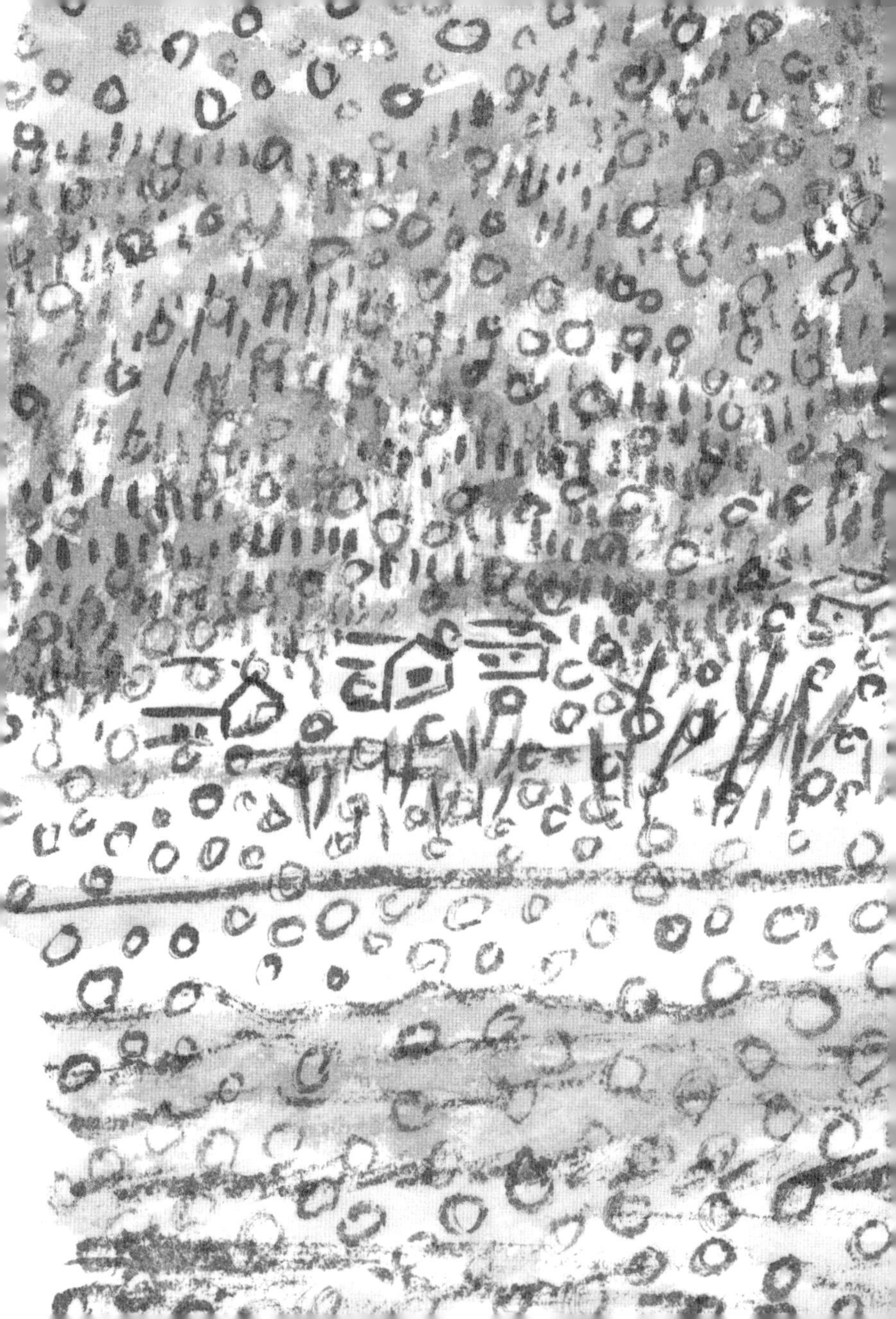

たくさんならんでいる。これを一升瓶で買い、コップになみなみと注いでは、義父と馬鹿話をして毎晩遅くまでのむ。

山に囲まれた静かな集落で、雪かきをして絵を描き、温泉につかって、酒をのむ。ただそれだけの日々がなんとも心地よい。そう思っていると、妻がふいに、「私たち、湯治に来ているみたいじゃない」と言うのだった。

牛窓

三月のおわり、瀬戸内の牛窓《うしまど》という海辺の町に絵を描きにいく。ここは小島に囲まれ瀬戸内のなかでもひときわ波がおだやかな海岸で、かつては岡山藩主の休憩所兼接待所があった。「朝鮮通信使」と呼ばれる江戸幕府との友好関係を保つための大使節団が朝鮮半島から江戸にむかうときに寄港して接待をうけたことは、いまも地元で語り草になっている。毎年秋になると、朝鮮通信使のお祭りというのが行われるらしい。その後、この屋敷は取り壊されたが明治時代に名誉町長だった人が同じ場所に邸宅をたてた。蔵や茶室のある瓦屋根の立派な木造の家で、裏庭から木戸をあけてでると、すぐ目のまえに船着き場がある。数年前、老朽化したこの邸宅を地元の「921GALLERY」という店が改修し「御茶屋跡」という名前をつけて管理するようになり、現在は工芸品や洋服を売ったり催しを行ったりしている。

この御茶屋跡に五日間、音楽家のハルカナカムラ君と滞在して、彼は作曲をしてアルバムを作り、僕は絵を描いて画集を作るということになっていた。対岸に前島という島があって、その海辺の景色のなかをときおり小さなフェリーや漁船が行き来して、これが実にのどかである。僕は二階にある眺望のよい部屋に布団を敷いてもらって寝泊まりしていたが、毎朝漁に出ていく船の音で目がさめた。食事は、この仕事を企画した料理上手の鈴木孝尚君が毎日台所で作った。昔使われていた竈やタイル貼りの流しなどが残された台所がまた懐かしくいい雰囲気だった。ほかに、僕の家族や写真家など数名がいたのであるが、みな酒のみなので、鈴木君はビールや酒、ワインなどをずらりと廊下にならべていた。そういうのを見せられると、いつものことであるが、仕事をしにきたのか酒をのみにきたのか、わからなくなってくる。

到着した日の翌朝、早くに目がさめて画想を練ろうと散歩にでると、小道に夫婦で営むちいさな魚屋があった。ちょうど軽トラックから荷をおろしているところで、トロ箱をのぞかせてもらうとまだ生きているいろいろな魚介がピチピチとはねている。僕はとたんに料理がしたくなって魚屋の主人に下ごしらえや調理法などたずね、画帳にメモをとった。舌平目は地元では「ゲタ」と呼ばれているそうである。僕などには見分けがつかないが、赤ゲタ、黒ゲタ、夏ゲタと三種類あって、牛窓では黒ゲタはミンチにして野菜と一緒に煮て醬油味の汁に仕立て、汁かけ飯にして食べる。もともと漁師が手早く食事をするための料理で、「水夫《かこ》のジャブジャブ」というらしい。芝エビとスズキを丸ごと一匹、ニシ貝、めいたガレイ、黒ゲタのミンチなどを段ボールに詰めてもらって勘定をしようとしたら、まだ市場でセリ落としてきたばかりで値段がついていないという。それで散歩のあとでとりにくることにしたのであるが、値段のついていない魚を買ったのは生まれて初めてだった。ちなみにこの魚屋の主人は四代目だが、後継ぎがないため、いまのご主人の代でやめるらしい。かねがね魚がとれなくなったり、魚を食べる機会が減ったりすることを憂えていたが、そうした時代の流れを目の当たりにして、胸が詰まる。

夜、庭のバーベキューコンロに炭をおこしてスズキを焼いた。香ばしい焼きたてにレモンを搾って白ワインをのんだが、これが実にうまかった。ニシ貝は、サザエよりも大きな美しい形をした巻貝。魚屋に教わった通りに殻ごと茹でて身をとり出し、もう一度茹でる。それを冷やして薄く切って、酢味噌で食べた。あっさりとしていて深い味わいがあり、抜群の歯ごたえである。肝は臭みがまったくなく、まるでチーズのようにやわらかい。こちらは、酒だ。

家のまわりは、狭いジグザグ道でめったに車が通らないから、静かである。離れをアトリエに借りて北窓からやわらかい光のさす部屋でカンバスに絵具をぬっていると、漁船がときどき通る音と筆の音だけしか聞こえない。ハルカ君は庭でへだてられた母屋でアップライトピアノをひいていた。僕はおひるを食べたあと、その部屋の二階に昼寝をしにいったが、窓をあけて目をつむっていると階下から遠くピアノの音が子守歌のように聞こえてきて、体が海風にとけこんでいきそうだった。

最後の晩、僕らは豚のすき焼きでのんだあと、ふらふらとウィスキーをもって庭の木戸をくぐり船着き場にでていった。小舟のつながれたコンクリートの岸壁にすわっていると、防波堤の橙色のうす暗いあかりが海面に映ってゆらゆらゆれている。誰かが

「ああ、こういうのいいね」

と言った。波のない、夜ふけのおだやかな海。ひるま日ざしをあびて青々

としていた前島も海も、闇のなかで黒い影になっていた。なんともここちよい酒だ。そのうちハルカ君がおもむろに立ちあがって、家にギターをとりにいった。

二〇二三年 伊三夫

弔い酒

六月四日、遠藤哲夫さんが逝った。高度消費型へと突き進む社会のなかで、捨てられていく日本の台所と大衆の味に光をあてて執筆活動を続けた方だった。一九四三年生まれ、二十一歳年上の遠藤さんは、グルメブームに翻弄されるしかなかった小僧の僕には頼もしい存在だった。僕はまた、ひそかに酒のみの師匠として仰いでもいた。「料理は生活」であるという視座から、庶民の食について語り、いつしか「気取るな、力強くめしを食え」という言葉がトレードマークのようになっていて、まわりの友人からも「大衆食堂の詩人」、「エンテツさん」と呼ばれて、慕われていた。地に足のついた大人は、どこでどんなときにのんでも、愉快な酒をのむ方だった。とくだん、面白い話をするわけでもない。ただそこに、遠藤さんが座ってのんでいるだけで、たとえちょっと腐るようなことがあった日でも、いつしかほっとして心和んだ。それはきっと、遠藤さんが生きてきたなかで、幾度もあったつらいことを燃やしてできた、ほっこりした灰のようなものに触れていたせいかもしれない。食堂の片隅で、鯖の味噌煮をつついて、サッポロの赤ラベルの大瓶をのんでいるだけで、かっこよかった。

六月二日の午後のこと。何の本だったか、本棚からとり出そうとしたとき、ふいに、ある冊子がぽとりと落ちてきた。中原蒼二さんの著書『わが日常茶飯』刊行に寄せて作られたもので、遠藤さんをはじめ、他に中原さんと親交のあった大竹聡、鈴木常吉、瀬尾幸子、南陀楼綾繁の諸氏、それに僕も原稿を寄せていた。あれ、本に挟んであったはずだけどな、と思いながら棚に戻そうとしたとき、なぜだか遠藤さんの頁が目に飛び込んできた。闘病中であることを知っていたから久しぶりに読み返し、そこに書かれていた江原恵の『庖丁文化論』をまだ読んでいないな、などとのんきに思っていた翌々日、訃報が届く。あれは、遠藤さんからのお別れの挨拶だったのだ、と思った。

遠藤さんが、『汁かけめし快食學』という著書のなかで、日本の国民食であるカレーライスは、インドやイギリスから伝来したものではなく、日本の台所にいたおふくろの手から生まれた「皿物かけめし」であると主張していたのは痛快だった。僕は子供の頃から、豚肉の生姜焼きの残り汁や魚の煮汁をめしにかけて食べるのが好きだったが、うまいと思いながらも、行儀が悪いように思って周囲に遠慮していた。だが、汁かけめしのうまさを説く遠藤さんと会ってからは、堂々とやるようになった。

「『絶品』や『究極』に命かけて生活しているわけじゃないのだし、快食と自由闊達を大事にしたいと思う。――――気取るな！　ぶっかけろ!!」

こういう遠藤さんの言葉に、僕は腹の底から生きる力が湧いてくる。また、この言葉は、アトリエで制作する絵の栄養にもなるのだ。

訃報を知り、遠藤さんとよく一緒に遊んだ友人三人と、弔いにもつ焼き屋へ行き、氷を入れたコップに焼酎と炭酸を注いで、小さな声で献杯した。それから、僕の家に来てウィスキーをのんで、「僕らはみんな理解フノー」を歌った。この歌は、遠藤さんが酔っぱらって口ずさんだ替え歌だ。

まだ東日本大震災の前だった釜石の町で、戦後の風情を残すバラック風の小さなのみ屋が軒を連ねる一角を見つけ、皆で入ったときのこと。「マンボウのコワダ」というマンボウの腸を干して塩抜きした珍しい肴でのんでいたが、旅先ということもあり、遠藤さんはいつもよりはしゃいでいる様子だった。すでに東京を出発したときからずっとのみ続けていたので、僕らはもう相当酔っぱらっていたはずだ。さらに、はしごをしてのみ足すことになり、ぽつりぽつりと酒場の明かりが灯る暗い夜道をふらふらと歩いて、町はずれの中国料理店へと向かった。そのとき突然、遠藤さんが別の店からでてきた地元の若い男たちと肩を組んで、「僕らはみんな理解フノー、生きているから理解フノー」と、「手のひらを太陽に」のメロディーにのせて歌いはじめたのだった。夜空に向かって叫ぶように、繰り返し歌った。僕は変な歌だなと思ったが、自分が描く絵について言われているようにも思った。それで、後日、僕が発行する美術同人誌にそのまま「理解フノー」というタイトルでエッセイの連載をお願いした。連載は十年ほどして鎌倉の出版社、「港の人」から単行本にまとめて刊行することになり、高円寺の「抱瓶《だちびん》」の二階で出版記念会を行った。そのとき、遠藤さんに、この替え歌の続きを書いていただいて、会場の全員で大合唱した。遠藤さんはいつものように大酔っ払いになって、実にうれしそうに足をあげたり、くるくるまわったりして踊りながら歌っていた。

やす子
ひまわり
鬼灯
二〇二二年 伊三夫

僕らはみんな　理解フノー
生きているから理解フノー
ぼくらはみんな　のんでいる
酒をのむから　酔っている
千円札を太陽にすかしてみたら
一万円に見えた　もっとのめるぞ〜
あいつだって　こいつだって
おてんとうさまだって
みんなみんなのんでいるんだ
理解フノーなんだ〜

みんな帰って、また歌っていたら、楽譜がぼやけて見えなくなったよ。
エンテツさん、さようなら。

69酒場

69（ろっきゅう）酒場は、夕方六時から夜九時まで、店主が一人で営業している小さな立ちのみ酒場である。駅前の喫茶店やラーメン屋、居酒屋などが軒を連ねる繁華街を通りすぎて、まもなく住宅地にさしかかったろうというところに、細くて薄暗い路地があって、そこに、ひかえめな店の名を記した明かりが灯っている。路地には、昭和の頃、にぎやかに営業していた個人営業の小料理屋やスナックなどが軒を連ねているが、そのほとんどが閉店して、景気のよかった頃の面影を残している。最近、その空店舗となったところに若い人がやってきて、リノベーションをして自家焙煎のコーヒー屋やカレー屋、古本屋などをぽつりぽつりとはじめるようになった。

69酒場も、そうした店のひとつで、いかにも金をかけずに店を作ったという雰囲気で、壁にも天井にも、昔出版されて売れなくなった美術全集の絵やら写真やらが、ベタベタと貼りめぐらされている。ミケランジェロやボナール、ヴァンドンゲン、キルヒナー、それに山口薫や小野竹喬《ちっきょう》、川崎小虎《しょうこ》。僕が好きな画家の絵ばかり。そして画家のほかにも、ブローティガンと内田百閒の肖像写真もある。それは、あたかも壁紙代やペンキ代を節約しているかのようにも見えるが、なにか文化的な匂いを漂わせている。営業時間が、一日わずか三時間というのは、店主が日中ほかの仕事をしているからだ。何の仕事をしているかはのちほど話すとして、どうもこの店は、彼の趣味で営業しているものらしい。生活のためにだとか、酒を売って儲けようだとか、そういう雰囲気がまったくない。その証拠に、ウィスキーが一杯二百円、焼酎百八十円、酒は二百円と、とても安い。銘柄は、それぞれサントリーホワイト、キンミヤ、菊正宗で、これ以外の酒はおいていない。ビールもない。ちなみに、ウィスキーを注文すると、ストレートかロック、水割り、ハイボール、どうやってのむかとたずねられる。焼酎も同じくだが、こちらはウーロン割りもある。酒は、ひやか燗かのどちらか。

店には、ポルトガルのアマリア・ロドリゲスやギリシャのネーナ・ヴェネツァノウなどの憂いをおびた歌声が静かに流れているが、ときどきアメリカのハンク・ウィリアムズなどの陽気な曲や、日本の中山晋平の新民謡がかかったりもする。明かりは裸電球がひとつ灯っているだけだ。おつまみはわずかなものしかないが、なかなか気がきいている。グリーン豆と白豆、皮つきの落花生が盛られた小皿。これは「世話焼き女」と呼ばれているが、豆々しいということか。チーズとサラミ、トマト、ピーマンなどがのった安っぽい食パンのピザトーストは「自転車泥棒」。これは、ただイタリアの、ということであろう。冷奴は「四角」。まあそれはいいとして、レモンの端切れが添えられたスモークオイスターの缶詰は「いぶしたアソコ」。これは、ひどい。「マスター、いぶしたアソコください」。

陽が落ちて開店時刻になると、会社帰りの客たちが次々とやってくる。客の多くは会社や工場勤め、それに定年を迎えた近所に住む人だが、小説を書いている女性やクリーニング店、八百屋の店主などもやってくる。なかには、何の仕事をしているかわからない髭をのばした男もいて、連れの女の腰に手をのばして、ときどき尻をさすったりしている。いつも陽気な笑顔でやってくる金髪の男は、どこの国の人か分からないが、大学に勤めているらしい。店では端のほうで一人だまってのんでいる。店主は無口で、酒を注文される

二〇二四年　伊三夫

と返事をするだけで、だまってお客の前に酒をおくことしかしない。たとえお客が一人のときでも、そうだ。まるで自動販売機のようである。そして夜九時の閉店十五分前になると、それまでかけていた音楽を切って、手に下げたトライアングルをチリン、チリンと鳴らす。これが閉店の合図である。

さて。この店の主の本業は、画家である。日中はアトリエで絵を描いている。つまり僕だ。この酒場は、独りアトリエにこもっているときに妄想したもので、実在はしていない。おつまみに、おかしな名を付けるのは、草野心平のやっていた酒場「火の車」に倣ったものだが、到底及ばない。

こんな酒場をやったら面白いだろうなと何度思ったかしれない。が、実際は出来ないだろう。一日絵を描いて夕方六時になると、店を営業するどころか、もうどこかで酒がのみたくて仕方がなくなるのだから。とはいえ、やりたいというどうにも抑えがたい気持ちが、山のようにどっかりと心のなかにある。現実と夢の間を行ったり来たりするのがそろそろ苦しくなってきたので、ひとまず書いておくことにした。

あとがき

『POPEYE』でお酒について書くという依頼があったのは、高円寺の小杉湯の湯船のなかだった。この日、若い編集者たちと編集長の町田雄二さんと銭湯で待ち合わせ、そのあともつ焼き屋でのむ約束をしていた。まだ冬の寒さが残る頃で、お湯のまわりには白い湯けむりがたちこめていたのであるが、その湯けむりの向こうから、首が近づいてきて、「町田でございます」と言った。

しかし、こんなお洒落な雑誌で自分の酒の話などする自信がなく、立場にないと思った僕は、すぐに返事ができなかった。そして数日後、お酒を愉しむ日記のようなものなら書けそうだ、と引き受けた。

お酒は何をのみますか、と聞くのは、酒のみ同士の挨拶のようなもので、僕は「だいたいどんなものでも」とこたえることが多い。「もうビール一本ですね」とか、「最近は焼酎ですね」という人もいる。ビール、日本酒、焼酎、紹興酒、ワイン、ウィスキー、この国にはずいぶんいろいろな酒があり、また、それぞれに等級やら銘柄のちがいがある。このごろは、小さな酒蔵でびっくりするようなうまい酒をつくっていたり、街々に上質なクラフトビールがあったり、ますます酒の味わいは豊かになっている。が、一方で酒場らしい雰囲気、酒のたしなみ方など、先代たちが愛した「のみ方」のほうは、次第に鳴りをひそめ、貧しくなっている。そのことを淋しく思う。酒は、心でのむものだから、本当は、こっちのほうが大事なはずだ。上等な酒、下級な酒、どちらでもかまわないが、そのときどきで自分の財布に見合った酒を心ゆくまで愉しめる場があってほしい。

酒ののみ方など、どうでもよいと思っている一方で、僕は実に他愛ないことにこだわっている。たとえば、からすみやそば味噌でのむときは、ぐい呑みではなく、徳利とお猪口の酒がいい。焼き魚などをむしゃむしゃ食うときは、茶碗酒がいい。口に入れば同じ酒だが、その一歩手前が気になる。ワイングラスではなく、湯呑みに葡萄酒をそそぐと、どこか心休まるのは、なぜか……などなど、そんなどうでもいいことが、どうでもよくないらしい。もちろん、若い頃からそうであったわけではない。なにしろ、刺身でジンのカシスソーダ割りをのんでも平気なトンチンカンだったのだから。ハイボールの炭酸は混ぜないが、水割りは、よく混ぜる。そんな当たり前もわかっていなかったし、炭火でうるめをうまく炙れるようになるのに、十年はかかったと思う。町田さんから、若い読者たちにそんなささいなことを伝えてほしいと相談されたのが、この連載のはじまりだった。

最後になりましたが、当初、マガジンハウス『POPEYE』での連載をご担当くださいました編集部の米山正樹さん、現編集長の町田雄二さん。単行本化にあたってお力添えをいただきました筑摩書房の窪拓哉さん、単行本編集担当の中島佳乃さん、装丁家の松本孝一さんに、この場を借りて心より御礼申し上げます。

令和六年九月二十四日　秋風の別府温泉にて

牧野伊三夫

酒場のシティボーイたちへ。

町田雄二

きれいに酒をのむ人がいる。それは所作であったり、注文の流れであったり、後始末の良さだったりする。ひと昔前は上司や先輩にくっついてのみ歩くうちに自然と身についたのだと思う。そういった機会の少ない昨今のシティボーイのため、現代の山口瞳、内田百閒を見つけ出し、酒場での好ましい立ち振る舞いというものを指南してもらおう、というのが元々の企画意図だ。そこで画家の牧野伊三夫さん。僕は牧野さんの明るい飲み方が好きだった。

都心ホテルのバーやレストラン、老舗の居酒屋など、若者が気後れするような店にいき、自分もご相伴にあずかりご教授頂こうという下心もあった。一方で、打ち合わせの画家は、酒場でのみ方の講釈を垂れるほどカッコ悪いことはないという意見で、どちらかと言えば気軽な酒場が好き。『POPEYE』

の連載がスタートしたのは2020年6月。連載前にリサーチと称し、いっしょにのみ歩こうとしたものの、一度も叶うことなく東京は緊急事態宣言。「のみ歩く」にはまさに最悪のタイミングで連載「のみ歩きノート」はスタートした。初回の題は「家でのむ」。その後の3年近くは過去の記憶で酒場を書いた（描いた）のだから、画家の経験豊富に助けられた。

牧野さんの原稿を読んでいると隣でいっしょにのんでいるように錯覚する。出てくる肴や酒、店主や酔客の一投足、店内の喧騒まで聞こえてくるよう活写されており、その細部から酒（場）への愛が伝わってくる。ときに自宅2階のアトリエで、ときにのっぱらで、ときに車窓の外を眺めながら。たまに飛び出すびろうな話は真面目ばかりじゃつまらないという酒場の教え。いわゆる「酒場指南」ではなく酒好きのこころを楽しむ連載だけど、先輩についてまわるつもりで、覚えたカクテルの1杯でも頼んでもらえたら嬉しいな。

（まちだ・ゆうじ　『POPEYE』編集長）

本書は『POPEYE』(マガジンハウス)の連載「のみ歩きノート」(二〇二〇年七月〜二〇二四年七月号)を加筆修正したものです。

牧野伊三夫　まきの・いさお

一九六四年北九州市生まれ。画家。絵画のほか、音楽家との即興制作などを試みる。銭湯や酒場を訪ねてまわるのが趣味。著書に『僕は、太陽をのむ』(港の人)、『かぼちゃを塩で煮る』(幻冬舎)、『画家のむだ歩き』(中央公論新社)、『アトリエ雑記』(本の雑誌社)、『牧野伊三夫イラストレーションの仕事と体験記1987-2019』(誠文堂新光社)、絵本『十円玉の話』『塩男』(あかね書房)などがある。二〇二二年度東京アートディレクターズクラブ原弘賞ほか受賞。美術同人誌『四月と十月』同人・発行管理人。北九州市情報誌『雲のうえ』編集委員。東京都在住。

のみ歩《ある》きノート

二〇二四年十一月十一日　第一刷発行

著者　牧野伊三夫
発行者　増田健史
発行所　株式会社筑摩書房
東京都台東区蔵前2-5-3　〒111-8755
電話番号　03-5687-2601(代表)
装丁　松本孝一
編集　中島佳乃
印刷　株式会社精興社
製本　牧製本印刷株式会社

ISBN978-4-480-81584-2　C0095